給我的女兒，有美好靈性的蘇珊娜

你們要追想被鑿而出的磐石，被挖而出的巖穴。要追想你們的祖宗亞伯拉罕和生養你們的撒拉。

賽五十一1～2

這些人同著幾個婦人和耶穌的母親馬利亞，並耶穌的弟兄……五旬節到了，門徒都聚集在一處。忽然，從天上有響聲下來，好像一陣大風吹過，充滿了他們所坐的屋子。

徒一14～二2

你們聚會的時候，各人或有詩歌，或有教訓，或有啟示，或有方言，或有繙出來的話。

林前十四26

真善美叢書

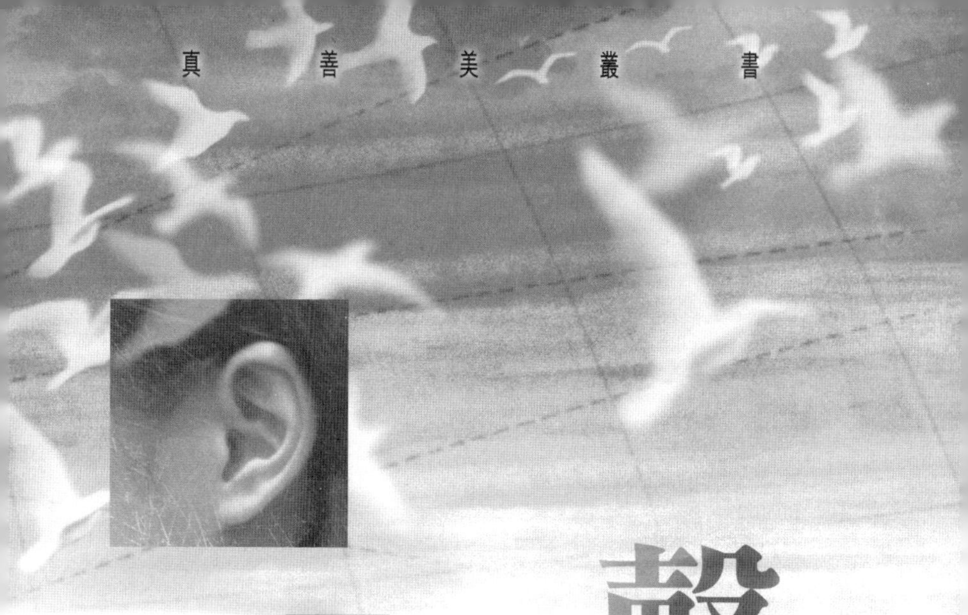

她們的聲音

再遇跟隨耶穌的婦女

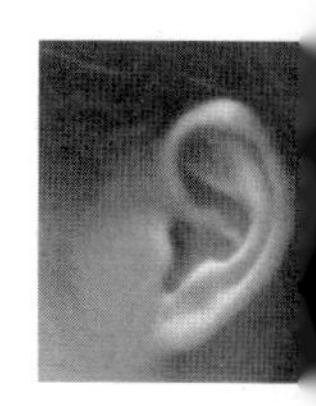

阿什克羅夫特 著
陳秋蓮 譯

基道出版社

▼

真善美叢書

她們的聲音

再遇跟隨耶穌的婦女

Spirited Women

Encountering the First Women Believers

作者

阿什克羅夫特（Mary Ellen Ashcroft）

翻譯

陳秋蓮

責任編輯

何敏璇

裝幀設計

郭曉勤

■

出版／發行

基道出版社

香港沙田火炭坳背灣街26號富騰工業中心1011室

LOGOS PUBLISHERS Ltd.

Unit 1011, Fo Tan Ind. Centre, 26 Au Pui Wan St., Shatin, Hong Kong

電話：(852) 2687-0331　傳真：(852) 2687-0281

網址：http://www.logos.com.hk

承印

海洋印務有限公司

●

4/2005初版

Cat. No. LP750

ISBN 962-457-278-x

目錄

作者序

《**她**們的聲音——再遇跟隨耶穌的婦女》是一個邀請，它誠邀我們穿梭時空，去尋回一些失去了蹤影的主內親友。

閱讀《她們的聲音——再遇跟隨耶穌的婦女》可以有幾種方式。它講述在初代教會伊始，那些在福音書中出現過的婦女的故事。這些婦女留守在十字架下到最後一刻，又最先去到耶穌的墓前。很多讀過《她們的改變——與跟隨耶穌的婦女相遇》(*The Magdalene Gospel*) 的人問我：「嗯，後來怎麼樣？那些婦女在受難節和聖週六(復活前夕)之後，發生了甚麼事呢？為甚麼她們好像從此杳無音訊的呢？」《她們的聲音——再遇跟隨耶穌的婦女》就是我根據一些研究結果，在詳細查考聖經之後，再加上我的想像，給這個問題的一個回應。

對那些返教會聚會已有相當年日，讀聖經也讀了很長時間，但所知仍很皮毛的個別人士來說，他們也可以把這本書看為是發生在初代教會的故事。我將故事背景設定了在教會在最初發展階段的關鍵時刻。當時，希臘化的猶太信徒在司提反死後分散到各個地方，沿途隨走隨傳地將福音傳了開去。我嘗試透過這些婦女個別的故事，以及她們與其他人有關的故事，將一些挑戰著當時教會的東西活現出來。當時，在教會中出現了不少問題，需要一一處理，所面對的軸心問題包括：有哪些猶太教的教義是教會應該予以保留或廢棄的；教會有多大的彈性去認同個別地方的文化；以及作為一個相信耶穌的人的真義是甚麼等等。這都是教會在發展過程中的幾個非常重要的時期。

其他人可能會以閱讀《她們的聲音——再遇跟隨耶穌的婦女》作為一個起始點，繼而進深研究在第一世紀，受到希羅文化(Greco-Roman)所影響的婦女生活，特別是她們在教會最起初的階段的情況。其實，有關這些方面的資料並不缺乏，只是大部分資料都散落在一些學術文章裏面，而這些文章往往因為過於學術性，所以可讀性並不高。如果讀者循這閱讀方向看《她們的聲音——再遇跟隨耶穌的婦女》，作為進深研究的開始，那麼，他們所要閱讀的資料就不單包括每一章裏面所提及的有關資料，而且也需翻閱在本書後所列出的閱讀參考資料(即在內文印有「參考資料」字樣的附加資料部分)。

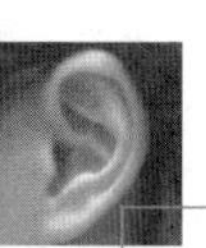

我同時相信，聖經在今日仍是對我們的生命具有其感染力的。為此，我為那些願意自己的生命與這些屬靈女先祖的生命能產生互動效果的讀者，準備了一些個人思考問題，問題都是一章接一章編寫而成的。我希望本書可以在這個層面上，為讀者提供一個與這些婦女會面的機會，讓她們給我們這些當代女性鼓勵和挑戰。

在《她們的聲音——再遇跟隨耶穌的婦女》(以及在《她們的改變——與跟隨耶穌的婦女相遇》)的婦女，曾分別遇見過耶穌，她們也曾在彼此身上，和在她們聚集在一起的時候，遇見過耶穌。為了反映她們在這方面的情況，我亦準備了一些供小組查考和討論的問題，這些問題都是從個人思考問題的部分引伸出來的。故此，《她們的聲音——再遇跟隨耶穌的婦女》可以為小組聚會提供幾次查經的內容。我希望這或可以吸引到不同背景的女性，一同去查考和討論本書。她們或者是一些全心相信耶穌，但希望能更多認識我們這些女先祖的人；又或者是一些感到自己被教會褫奪權利，但又希望參與一些真誠的討論的人。例如討論耶穌，討論他與婦女的關係，及一直以來教會是如何對待婦女等論題。我並且希望一些甚至不完全清楚認識耶穌和教會的人，會發現《她們的聲音——再遇跟隨耶穌的婦女》是他們認識這兩者的一個起步點。有些在畢業生基督徒團契(Graduate Christian Fellowship)事奉的肢體告訴我，他們本來希望在大學裏，為畢業生成立查經小組，查考一卷福音書，但由於很多學生感到聖經太遙不可及，而無法邀請學生參加聚會。由於《她們的改變——與跟隨耶穌的婦女相遇》為讀者提供了一個相當有故事性的空間，他們就借用了那書作為小組查考資料。我希望《她們的聲音——再遇跟隨耶穌的婦女》亦能同樣發揮這樣的效果。

最後，在《她們的聲音——再遇跟隨耶穌的婦女》一書裏，每個婦女的故事都可以獨立成為一個故事。很多人曾經採納《她們的改變——與跟隨耶穌的婦女相遇》裏面的故事作為講道信息、講章、並退修會的主題。照樣，我也希望《她們的聲音——再遇跟隨耶穌的婦女》

能將這些長期以來無人聽聞的婦女的聲音，從被人遺忘的光景中重現在讀者面前。

人們常常會向我表示關心，擔心我寫教會初始時期的婦女問題，會引發起某種反猶太主義(anti-Semitism)思想，並會給人一個錯覺，誤以為行族長制的猶太教是被反族長制的耶穌和基督教所推翻。《她們的聲音——再遇跟隨耶穌的婦女》所講論的是，在當時行族長制的猶太社會中，和受希羅文化影響的社會中，教會到底是如何找出跟隨耶穌的意思。當時行族長制的猶太社會和在希羅文化影響下的社會都相當一致地(雖然兩者是不盡相同)具有其壓迫性。教會經過在這本書裏面所提及到的一個很短暫的發展階段之後，我們從它那壓倒性的族長制模式來看，仍足以證明基督教與其他信仰和文化其實是沒有兩樣的，它都是一個大有其壓迫性之能事的宗教。假如我們相信耶穌是最能將神的心意完全表明給世人看的話，那麼，說耶穌是一個宣言，是一個既激進又旗幟鮮明的聲言，也是言之有理的。這個宣言所反對的是：幾乎在所有具架構組織的宗教裏所普遍存在的欺壓情況。

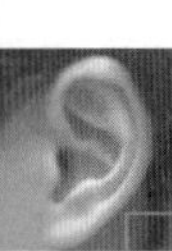

有很多人曾經給我鼓勵去寫《她們的聲音——再遇跟隨耶穌的婦女》一書，在此我要感謝他們。我特別要感謝好些有美好靈性的姊妹，她們曾在我們一起參加退修會的時候，幫忙整理資料，並且以話劇形式把故事演繹出來。她們是盧因(Judy LeWin)、舒凱柏(Bette Schelper)、巴納德(Letha Wilson Barnard)、埃爾金斯(Persis Elkins)、奧爾森(Barb Olson)、蘭利(Kathy

Langley)、內文斯(Kathy Nevins)、康柏嘉(Judy Hornbacher)、卡爾森(Elizabeth Carlson)及伯克(Peg Birk)。

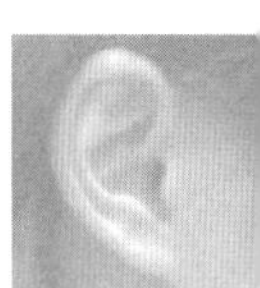

前　言

記得比雅和我參觀梵蒂岡博物館(Vatican Museum)的時候，她忽然轉身對我説：「昨天，你説耶穌呼召婦女跟隨他……説她們是剛強的女人，你是騙我的。」

當時，我們身在羅馬。比雅和我在前一天，前後走了八小時的路程，或者走了更長的時間。我們參觀了羅馬的地下墓穴(Catacomb)[1]以及保羅曾經被囚禁的監牢。那天，我們在羅馬周遊的時候，我的心是滿足的。

我感到自己是與那些初代教會的信徒走在一起。他們當中有人系出名門，也有些人是妓女和奴隸。我們與他們相隔差不多有二千年之多，卻因在耶穌裏同有一信而連結起來。這位耶穌曾經用他那愛的信息，和他那洪亮的聲音，與憎惡婦女的人抗衡；又打翻了人建基在宗教上的桌子，將這個屬地的物質世界翻轉過來。我告訴比雅，耶穌曾經如何呼召婦女去跟隨他，以及他是如何教導她們、與她們為友，觸動她們，而且從來沒有一個拉比像他那樣觸動過她們。這些婦女向耶穌作出了回應；她們乃是留守在十字架下到最後一刻的人，也是第一羣見證耶穌復活的人。我告訴比雅，那世代的人是怎樣嘲笑初代教會，説它是一個婦孺和奴隸的運動，因為基督教運動開始的時候是非常急進的。

我想像自己與一個方才聽信福音的人結伴同行，一起穿過熙熙攘攘的大街小巷。這個人可能是一個奴隸，她在加入這個新興的運動之後，就發覺到在自己的一生人裏面，這才是她頭一次得到平等的對待。她女性的身分和她做奴隸的工作，並沒有使她一直成為一個次等人。她可以成為教會領袖，也有可能在教導的職事上作領導人的，而且可以主領聖餐。在那一天，時間不過是一層虛懸的面紗，把她和我分隔開來。因為，我所到之處就正是她在當日所走過的地方。

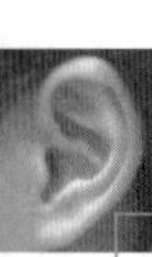

在競技場 (Colosseum)[2]，我告訴比雅關於斐理吉達 (Felicitas) 和泊伯多雅 (Perpetua) 的事迹。她們寧死也不肯背棄她們所至愛的夫子；泊伯多雅甚至為了忠於耶穌而犧牲了自己的嬰孩。比雅和我走了一整天之後，就在我們的小旅舍睡了一覺好的。

翌日黎明又濕又雨，那天自然是遊覽聖伯多祿大教堂 (St. Peter's Cathedral) 和梵蒂岡博物館的好時機。

當我們踏進聖伯多祿大教堂的時候，誰不會被愣住呢？地上刻著一座座在歐洲規模較小、不甚享負盛名的教堂的名稱和所在地，那些教堂都一一包涵在以聖伯多祿大教堂為首的龐大架構裏面。比雅和我隨著日本和德國的遊客一夥，參觀聖伯多祿大教堂，在那些用大理石建成並會發出回音、金碧輝煌的房間中搜尋，對著那裏的壁畫和雕塑品發呆。在那些古老的壁畫中，基督教運動是其中一幅，其他還有的是關於家庭教會、在地下墓穴的聚會，以及衣衫襤褸的信徒在獄中被鎖鏈鎖著的圖畫。這些繪畫在聖伯多祿大教堂堅硬的大理石壁上的景象，看來已經開始褪色了。這就是基督教世界所擁有過最具影響力的輝煌日子，和叫人感到心寒的時刻。這一切突然使我心中為之一愣，我想，那些婦女究竟在哪裏呢？

我找到三兩個婦女……蹲伏在壁畫右下角的位置，遠遠的望著那些穿著光鮮的教會聖職人員。她們望著聖伯多祿[3]、望著耶穌、望著上帝。聖母馬利亞[4]則無處不在，因為教會把她的身分聖化了，使她喪失了人性。她是一個獻給神的溫順的器皿——永遠是一個處女、端莊的、千依百順的，她俯首下望，眼目總是垂注在地上。

我們在雨中從聖伯多祿大教堂走去梵蒂岡博物館。我們手執門票，幾乎連話也說不出來，我們跟著一大羣人呆望著一大批藝術作品，並向著西斯廷教堂（Sistine Chapel）[5]邁進。

在每一個房間的牆壁頂端和左右兩邊的偏廳，都有很多雕像和壁畫。那些衣著考究、穿著深紅色長袍、位高權重的男人，華冠楚楚地說：「這就是教會」，吟誦聲叫人嘔心。在上萬幅油畫、成千個雕像的作品中，沒有一個女人看上去像是初代教會的婦女，就是那些剛強、堅毅、全心全意跟隨她們那急進的夫子的女人。這些藝術作品與初代教會運動的真實情況之間嚴重脫節，我可以感到自己的臉在冒火。教會所代表的竟然是：崇敬有錢人而欺凌貧窮人；驅逐女人於教門之外，使她們得不著真正的福樂。我們懷著沉重的心情溜進西斯廷教堂，望著神。之後，比雅就對我說：「你是騙我的……」。

我知道從那一刻開始，這些故事必須公諸於世。當我們在午後仍在雨中走動的時候，我對比雅說：「我們去吃午飯吧。」在初代教會運動和我們在這裏所目睹的一切，兩者之間所出現的脱節夾著經年的鴻溝。

假如缺口只是在藝術作品中出現，我們或者可以這麼說：這無非是一個深深被性別歧視的社會所影響和被扭曲了之後的教會，盡力證明她們排斥女性的做法是正確的罷了。但是，鴻溝似乎是無處不在。因為一直以來，在復原派教會(Protestant)中，婦女是不准站上講台的；而天主教(Catholic)和東正教(Orthodox)的婦女則不可以領受聖餐。

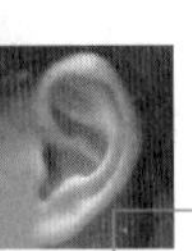

最少在乍看之下，婦女似乎在新約聖經中也是消失得無影無蹤。如果我問比雅：「翻開新約聖經來看，告訴我你在哪裏可以找到這些婦女？」那麼，她會在四福音裏找到她們，在使徒行傳中則略有所提，而在其他各卷書信中，她們就只會出現在書中最後幾節經文的問安裏。由此看來，經文本身和復原派教會、天主教以及東正教這三個教會分支的傳統，在世紀以來都是一直同謀不軌，排擠婦女。

「她們到底在哪裏？」侍應端進沙律的時候，比雅詰問我。「昨天，你告訴我不少關於這些了不起的婦女，和這個激進派的傢伙耶穌的事迹。她們就算真的在四福音出現過，正如你在《她們的改變——與跟隨耶穌的婦女相遇》所寫的，她們早已經徹底消失得無影無蹤，無法尋回來啦！神是個老頭子，而耶穌……哼，虎父無犬子罷。基督教運動是給那些衣著光鮮、滿是一副樣子不高興的人搞出來的，他們到處欺壓人……踐踏異己。不要再搬出你那些一廂情願的混帳想法來。根據你自己推想出來的事情不應就已經發生了嗎？你對初代教會歷史作出的修正論哪裏去了？」

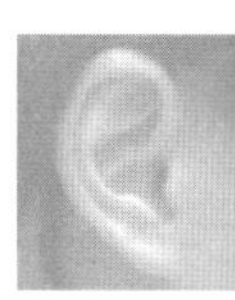

事實的真相

那些失蹤的婦女到底在哪裏呢？我們這些信心之女先祖在哪裏呢？耶穌在世傳道的時候，她們跟隨過他，而且在初代教會中積極參與帶領教會的工作。她們是否失蹤了，只留下一些民間傳說，好像抹大拉的馬利亞的手指那般，很離奇地變成韋茲萊(Vezeley)[6]的一個流傳呢？又或者像馬利亞所有蒙福的童貞女的畫像中，被畫成天國皇后那般呢？如果要從一些流傳和虛構的故事去找尋她們的蹤影，這是否就是我們所要繼續接受的呢？

事實上，我們在羅馬那間小餐館裏的時候，我隨便就可以引出大量確鑿的資料出來給比雅看，而且都是關於最初始期教會的婦女的，數量之多更可謂驚人(參考資料頁133)。我其實可以告訴她，婦女是第一批被公認為目擊耶穌復活的見證人，她們像使徒一樣發出傳統的宣告：「我見到主了。」婦女是新宣教運動的同工，而且在家庭教會中扮演著重要的角色。約翰的母親馬利亞(約翰又稱馬可)在耶路撒冷帶領一個家庭聚會。這些家庭聚會是真正體現平等主義的羣體，並且旗幟鮮明地與當時各個主導文化抗衡。婦女在很多初代教會中作帶領，在腓立比教會就有三個女性領導人物。保羅曾經高度評價百基拉，他不單在稱呼他們夫婦二人的時候，會首先稱呼百基拉，然後才提及她的丈夫，保羅還提到她有教導的恩賜，又說她曾為他冒生命危險。婦女藉按手接受差派，照管神的工作。接受按手禮在當時有如拉比「受聖職」的意味。

初代教會對婦女的友善態度，亦曾經令好些像塞爾蘇斯(Celsus)一樣的異教作家，因為婦女在教會中擔當重任，而譏笑基督教是一個女人和奴隸的宗教。婦女在歸信之後發現，她們要學著適應基督教文化，從在族長制文化(patriarchal culture)之下的生活，轉而活在一個非族長制的文化中。男人在成為基督徒之後，往往要放棄他們本來擁有的特權；而女人在加入這個新運動之後，亦感到自己得著了釋放。相對在社會整體上的情況而言，她們比以前有更大的言論自由，和接受教育與作領導的空間。那些奴隸、外地人、窮人或工人，都在教會裏找到他們立身之地。正當在猶太社會和在希羅社會裏，女人的主要功能仍是生養孩子的時候，女人則在這個新的信仰中有更大的自由，選擇是否結婚，是否倚靠男人或生孩子。基督教闖入希臘文化和猶太社會的族長制文化中，並被譽為是女人克服倚賴心的一個途徑，因為女人得著了鼓勵，轉離她們那偏重家庭的狹義想法。

故事內容

我其實可以把全部的研究資料堆出來給比雅看，我這些研究所得都是千真萬確的。不過，教會對婦女的態度以及耶穌反行其道地對待她們的做法，兩者之間存著大有問題的分歧，至今已經有二千年之久。故此，即使一些事實的真相亦難以彌補其中的裂縫。

我們需要的不單是事實，還要有血有肉的故事。因此，我給比雅以及像她那樣的女性的，是一種米大示(midrash)。我是按著主後一世紀慣常的做法去處理這項工作的。主後一世紀的猶太作者是用米大示式解經法來解釋聖經的，即我們今日的舊約聖經(參考資料頁137)。米大示可以是口傳，也可以是筆錄。它是一個跳板，「一個不可增刪的文稿，有如正典般被視為神所彰顯的道」。它用新穎的方法，透過將兩個真理接合在一起，把神的話傳給受眾。這兩個真理就是聖經的權威，和「解經的自由是包含在相信聖經是今昔不變的真理之中」的真理。米大示要求的是要在兩者之間作出平衡，因為講授米大示的人所尋求的是，既是忠於原文而又能成為原文與當代受眾之間的中間人。總的來說，米大示結合了紐士拿(Jacob Neusner)所稱為的「一個極為保守並有建設性的力量……和同時保存了啟示在今日這個世代中，活潑又不斷切合時代情況的特質。」為了實踐米大示式解經和盡力平衡紐士拿所提到的這兩方面的特質，我寫的故事都是以聖經為依歸的；同時，也是根據大量的研究寫出來的。由於我們對教會發展初期的情況都不太熟悉，我提供了很多有關這些婦女的背景資料。有的是關於她們在當其時的處境，也有的是關於她們是怎樣被教會所隱藏的資料。無論怎樣，我相信真正發揮力量所在的，是這些故事本身。

面對著比雅和其他認為基督教的信仰是排斥她們的女性，我借用了這些屬靈婦女的故事來回答她們的問題，使這些女先祖(很多已經被遺忘和沉默下來)重現在現代女性眼前。

我相信聖徒在主內是相通的，並且相信生命是存到永恆的；所以，我把將時空隔開來的幔布拉開，這幔子遮蓋著這些婦女已經有差不多兩千年。我憑著信心，加上自己的研究和想像力，與她們一同坐席，桌子往過去伸展，從現在伸開，直通往昔日，從我們這裏伸展到她們那裏。我拉開幔布，讓她們來將自己的故事講給我們聽。

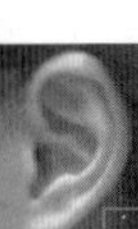

請與我一起到這桌前來，找一個屬於自己的位置。我們是新千禧年初葉的女性，是與這些信心女先祖一同坐席的人。我們在開始之先，或者會問她們，你們是否曾經失了蹤；又或者會問，我們是否也失了蹤？我們信心的女先祖，你們已經安坐下來，看著這多年來所發生的事；也一直在等待，要歡迎我們加入你們當中。或者，我們在尋找你們的時候，會找到我們自己和我們在信仰中的位置。

譯註：

1. "Catacomb"是遍佈羅馬市郊東面及東南面多處地方的地下墓穴。據統計，全長共有三十多公里。這些地下墓穴是教會在遭受迫害的時期（公元六十七至三百一十二年），基督徒的避難所和葬身之地。數世紀以來葬身其中的人有數十萬之多。
2. 又稱鬥獸場。
3. 即耶穌的門徒彼得。
4. 即耶穌的母親馬利亞。
5. 羅馬教廷中的主要教堂。
6. "Vezeley"是法國中北部布爾貢涅地區（Bourgogue）約訥省（Yonne）的村莊，位於庫雷（Cure）河左岸的小山丘上。該村的歷史與天主教本

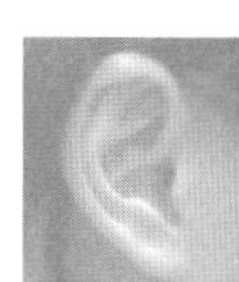

篤會（Order of St. Benedict）修道院有密切關係。修院是在公元九世紀受克呂尼（Cluny）的影響而創建的。據傳，為了避免抹大拉的聖馬利亞（St. Mary Magdalene，即抹大拉的馬利亞）的遺體遭到穆斯林軍隊的破壞，遂將之保存於修院內。後來，該地因吸引大量朝聖者前來，漸漸在修院周圍形成一個居民有萬人之多的市鎮。

第一章

於桌前失去蹤影與被尋回

桌前共聚

「這是我的身體，」馬大說，徐徐把擺在她面前的一個餅擘開。「耶穌把自己賜給我們，為我們捨身。」她接著說，環顧著圍著桌子而坐的婦女，她們都是最初期教會跟隨耶穌的人(參考資料頁138)。

這些教會的女先祖都是曾經在馬大和瑪利亞這個在伯大尼的家聚會過的人，她們「各人或有詩歌、或有教訓、或有啟示」(林前十四26)。就如初代教會信徒所恆守的聚會形式一樣。馬大主領聚會，瑪利亞分享她經歷聖靈的經過，和她所見到關於教會的異象，抹大拉的馬利亞則分享她遇見剛從死裏復活的耶穌的經歷，而索亞耳(Suheir)就分享她那喝得飽飽的活水，至於耶穌的母親馬利亞，她所分享的是一位使人能與他同工的神，而約亞拿就分享她在一個分裂的教會中追求時所遇到的掙扎。她們各人都帶著她們要分享的話，和她們自己來到這個聚會。

「耶穌為我們捨己⋯⋯每當我閉上眼睛，我仍見到他⋯⋯受死的情景。」馬大的妹子瑪利亞說。

「對啊，」抹大拉的馬利亞說：「但他已經復活了。」

「他現在就在這裏，」約亞拿說：「『聖靈』的意思是，他時時刻刻都與我們同行。從前，他死去……現在，我們擘餅……他與我們親近，而且比親近更親密。」

「他與我們同在，也與所有相信他的人同在。」馬大又說。她們知道在那一刻，在聖城的每一處地方，在加利利以至在加利利以外的地方，信主的人都聚集在一起，因為那天是七日的頭一日，所有人都在這天聚在一起，記念耶穌的復活。

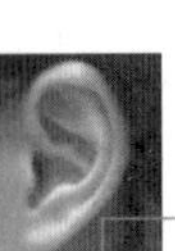

「能夠再次與大家在這裏聚首一堂實在是太好了。」抹大拉的馬利亞輕聲説道。雖然這些婦女都住在耶路撒冷，但是自從聖靈降臨以後，她們彼此只會偶爾相見。馬大和瑪利亞把她們在伯大尼的家開放，作為這個聚會的地方，只是來參加聚會的人大都是操亞蘭語的希伯來信徒。耶穌的母親馬利亞經常來這裏參加聚會，但抹大拉的馬利亞和約亞拿向來都在耶路撒冷操希臘語的地區參與敬拜和事奉。蘇撒拿則一直留在伯大尼，與馬大和瑪利亞在一起，因為她在這裏可以講自己的母語亞蘭話。不過，她一直都非常掛念抹大拉的馬利亞。聚會的時候，蘇撒拿與抹大拉的馬利亞一起坐，她挽著馬利亞的手臂，馬利亞説話的時候，她就一直望著她。

她們一邊分餅一邊交通，既分享食物，也分享各人在生活中的見證。她們聚在一處的時候，一切都是聖潔的。

「你説的不錯，馬利亞，他就在這裏，正如你所説的一樣。」耶穌的母親馬利亞説：「但你倒是帶著沉重的心來參加聚會啊！」

「沉重，是啊……很沉重。」抹大拉的馬利亞答道：

「但總不會比我們昔日在這房子的時候，我們的心情那麼沉重。」她對著圍著桌子而坐的人微笑，這些婦女曾經一起經過地獄之苦與天堂樂境。耶穌的母親馬利亞、馬大、瑪利亞、蘇撒拿、抹大拉的馬利亞和約亞拿，都曾經坐在這房間裏，心被憂傷所撕碎，也被喜樂所充溢。她們一起經歷她們夫子的死，又聽聞他復活的消息。她們曾經在耶穌死前和復活之後，在這裏與他相會，並且曾一起在五旬節領受聖靈，一起在初生的教會中努力事奉，掙扎成長。儘管如此，她們在此刻環視整個房間的時候，仍感覺到欠缺了羅大和呂底亞。羅大和呂底亞已經回到加利利，在當地的家庭教會服事。在缺席的人當中，還有撒羅米，她因心中的憤怒而信心受著威脅。不過，她們這天卻多了一位前來參加聚會的外邦女子，一個撒瑪利亞婦人。

當餅傳到她那裏的時候，她有點躊躇。馬大向她點頭微笑，鼓勵她。她拿起一大塊來吃。「當我聽到他的死訊……後來，腓利又説，他不是死了，他復活了……不過，我要親身來這裏看個究竟，要親耳聽清楚這到底是甚麼一回事。他改變了我的生命……」

「耶穌實在太愛我們了，」蘇撒拿拿起餅來説。「馬利亞，不錯，他就在這裏。」蘇撒拿將餅遞給抹大拉的馬利亞，對她説：「你有甚麼心事呀，我的乖女兒？」

抹大拉的馬利亞把餅放在她前面的桌子上説：「我們已經決定要離開聖城。」

「我們明天就會起程去安提阿。」約亞拿説。「我們會經過加利利，並順道去探望一些在那裏的姊妹，而且會與巴拿巴一道去。」

淚水從蘇撒拿的雙頰撲簌而下，馬利亞握著蘇撒拿的手。「那麼，從今以後，我不會再見到你了……」年長的蘇撒拿流著淚說。

「是因為司提反的事嗎？」耶穌的母親馬利亞問道：「如果有誰曾看上去是個被聖靈充滿的人，那人就是他。」(參考資料頁139)

「他那麼年青就去了。似乎按這個安排，耶穌便可以更好的照料他了。」馬大說：「這件事造成了很大的傷害，尤其對那些講希臘話的信徒來說，傷害更大。他們有很多人已經開始離開聖城……」

「這就是分散，教會的分散……」瑪利亞低聲說。

眾婦女都望著她。

「一直以來，她都不斷看見好些圖畫——異象，這是她見到的其中一個。」馬大解釋道。她們正等待著要聽瑪利亞說話，但她搖頭說：「我以後再告訴你們好了。」

「直到他臨終前一刻，當時他望著天並看見了耶穌，我仍是以為他能脱離凶險……」抹大拉的馬利亞說：「我想發生了這件事是我們始料不及的，很多事情對我們來說都是太陌生了……而聖靈又是太真實了。」

「司提反的死改變了一切。」約亞拿說：「這不是說，我們將福音傳開了，然後耶穌就會再來。我們忽然明白過來，明白到事情並非如此簡單。正因為這樣，我們才到這裏參加今晚的聚會，因為我們需要你們的禱告和祝福，差我們去安提阿。」

蘇撒拿拭乾眼淚。馬大對她說：「蘇撒拿，你知道

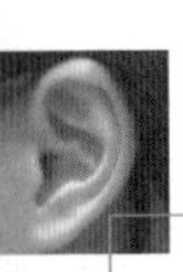

我們必定會照顧你的。」

「馬利亞，蘇撒拿是累了。她還沒有告訴你，前幾天，有一個很惹人喜愛的年青人來探訪她哩。連日來，她都一直與他在一起。他是一個操希臘話的小伙子，名叫路加。他來這裏是要訪問一些見證人，把耶穌所做過的事工、治病的事迹，和他所講過的道，都詳細地記錄下來。他的亞蘭話說得不那麼差⋯⋯不過，蘇撒拿的希臘話又講得不十分好，但他們總算是可以溝通得上⋯⋯不是嗎？蘇撒拿。」(參考資料頁141)

「是的。他是一個很乖巧的年青人，是初信的。本來他也很想跟撒羅米談談的，」蘇撒拿微笑著說：「要是她在這裏，她也會說些甚麼給他聽聽的。」

「是的，不錯。」馬大對約亞拿說：「你還沒有見到她的面哩，所以你不會知道她因為司提反的死而大受困擾。她認為司提反是完全明白真道，明白耶穌所作的一切，和表明給我們所看的一切事。她覺得他比那些作帶領的，主要是以雅各為首的人，更加明白真道。她已經打算要跟雅各說，告訴他他根本沒有在意信的重心是甚麼，他其實與可憐的亞拿尼亞(Ananias)和撒非喇(Sapphira)沒有甚麼分別，他們夫婦二人無非是希望自己行出來有體面罷了⋯⋯」

「所以，我建議她到加利利去，與呂底亞和羅大一起。有傳聞說，在那裏的信徒所做的比我們這些耶路撒冷人更徹底一點⋯⋯他們凡物公用的東西很少，而其他信徒都是無分彼此的，如同一家人⋯⋯看來這正是撒羅米喜歡見到的。」

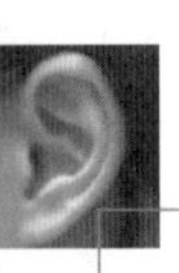

「我們會順道去探望她的。」約亞拿答應著說。

蘇撒拿又說：「我忽然想起那個年青的希臘人說過的話，他在大馬色聽到傳聞，不過傳聞可未必可靠，他聽說那個狂熱分子掃羅遇見耶穌。你怎也不會料到……」

「掃羅？當日，司提反死的時候他也在那裏，還是很自滿的；現在……」抹大拉的馬利亞搖搖頭：「我想甚麼事情都有可能發生了。」

「西門彼得呢？」約亞拿問道：「我們已經很久沒有見過他了，他現在怎樣？」

「我想，他心情很亂。」馬大說：「他很能感受到那些天天在殿裏敬拜，認為耶穌就是彌賽亞的信徒的感受。不過，他也被司提反的話所吸引……我想，他是看得出聖靈可以如何代替律法的工作。聖靈一直在彼得的生命裏要進行徹底改造的工夫。現在，司提反死了，我想他感到非常困惑。」

「我們很容易忘記彼得在領受恩賜之前的模樣是怎樣的。」蘇撒拿說。「現在，他說話大有能力，敢違抗那些在上有權柄的，而且面對著作領導的人時也不失智慧。不過，有時這實在也難為了他……他覺得自己太責任重大了。」

約亞拿搖頭道：「這只會使情況變得更加複雜。那些分散的信徒往其他城邑的會堂那裏，告訴那些改信的人和虔誠人關於耶穌的事。看來，腓利和其他人逕直走，去了一些會叫使他們惹起操亞蘭話的信徒不滿的地方，例如撒瑪利亞。」(參考資料頁141)

「有很多人從鄉間出來，他們要聽真道和尋求得著醫治。」馬大說：「有誰能知道這些事呢？說不定神要成就一樁新事……他不單接納婦女、稅吏和罪人，並且要將這道傳給沒有給選上的人民聽。」她望著抹大拉的馬利亞和約亞拿說：「或者你們就是這個全新的甚麼……的一分子……就在聖城以外……你們就是為這事作見證的人……」

瑪利亞點頭：「不錯，完全吻合，的確是這樣……」

「請恕我直言，」撒瑪利亞婦人搭腔：「這不足為奇。耶穌向我說話的時候，就曾經告訴過我，我們不需要在聖山或耶路撒冷禮拜……那真正拜父的必須用心靈按真理敬拜他。」

「用心靈按真理。」瑪利亞點頭稱是。

「而且，他也很喜悅我將他的信息傳給我村裏的人聽。你們剛才說的……這道將要被傳揚開去，但這道實在太大，舊的制度是容納不下它的……這早在幾年前，他就已經跟我說過了。」

「那真正拜父的必須用心靈按真理敬拜他……我喜歡那些話……耶穌所講的那些話是我以前從沒有聽過的。」約亞拿和其他婦女默默地坐在那裏，思索那些話的意思。(參考資料頁142)

「新皮袋之說又再出現了。」約亞拿歪著頭說。

「在耶穌講過的話語中，這是我們最愛聽的其中一個：『你不能把新酒裝在舊皮袋裏，不然，皮袋就會裂開。惟獨要把新酒裝在新皮袋裏。』這是他所說過的話，而且我們也知道這是真實的，因為他在我們還活著的時候，為我們成全了這事。」

「因此你們就打算去安提阿」，瑪利亞說：「正如他所說的，從聖靈而來的新酒是舊皮袋裝不下的。」

抹大拉的馬利亞拿起餅來擘了少許出來，然後將餅遞給瑪利亞。瑪利亞也吃了，並將餅遞給馬大。馬大將餅放在她前面的桌子上，然後望著瑪利亞說：「這跟你在異象中所見到的完全一樣。」

「我頭一次見到這個異象的時候，是我開始得著見異象的恩賜後，在幾個星期之內所見到的。」瑪利亞靦腆地說。叫她將她所見到的異象說出來，就好像要她公開說一些自己的事那般，一樣叫她很為難。她接著說：「起初我也不能肯定所見到的是甚麼。當時，我坐在這房間裏，忽然，我好像置身在一間比這房間還要大很多倍的房間裏。那房間有聖殿那麼大，裏面擠滿了千千萬萬的人。房間裏又有很多很高的拱門和彩色繽紛的光。我正觀看的時候，有人列隊進來，就是這些人叫我感到很激動的。他們有人拿著一個閃閃發亮、鑲滿寶石的東西，並把它高高舉起；那東西在燭光下十分耀眼，而且美麗非常。當我凝望它的時候，我才知道它原來是一個十字架。你們試想像一下，一個懸在高處的十字架，周圍是黃金和寶石……一個備受敬拜和讚頌的十字架！房間裏的人在唱詩，但我不明白他們所唱的是甚麼，只知道他們在歌頌耶穌。之後，那個異象漸漸消失了。」

「我努力去思想這個異象的意思，就把它告訴馬大。她說，我應該稍等一下，或者遲些它的意思會明朗起來。有一晚，我又坐在這裏，這次我好像身在另一個已經開始了的聚會當中。我們所有到來參加聚會的人都在戶外

猛烈的陽光下，人數有好幾百人，不，是成千上萬的人……我看不見人羣的盡頭在哪裏。我看不見他們的臉面，他們站起來唱詩，讚美耶穌。」瑪利亞微笑著，好像她已經墮進了那個景象似的。「我的心因這些異象而感到滿足。」她說。

「不過，現在我明白了。約亞拿、馬利亞，或者這些異象是給你們的，因為你們要去安提阿，甚至要到更遙遠的地方去……」

馬大倒了一杯酒，放在前面說：「是新皮袋、新約和新的生命，把我們帶到這桌前來的。耶穌與我們同在，他應許說：我永不撇棄你，也不丟下你。」

眾婦女都安靜下來，各人在自己心中思念著他所流出的寶血。血流到他的臂上、他的腳上和木頭上，一直流到地上。她們沒有忘記，而且在此刻，她們知道自己就是新酒的一部分，這新酒是不能裝在舊皮袋裏的。

在杯開始傳開去之前，瑪利亞環視她們各人的臉。「但是……」她又再開腔。她的臉從想起耶穌而有的那種悲喜交集一轉而為深深的憂傷，她搖頭道：「有些畫面很駭人，我忍不住哭起來……這些事情是不可以發生的，不可以……那些婦女……耶穌是不會讓這些事發生的。」

她們瞪著眼，望著瑪利亞不受安慰地哭。「不見了……那些婦女不見了，不見了。」瑪利亞痛哭。她們望著她，感到很驚訝。

失去蹤影與被尋回來

圍著那張桌子而坐的婦女為瑪利亞和哭聲感到不明

所以，但對我們卻不足為奇。這些婦女在耶路撒冷所喝的新酒或會存留三十年，或者四十年之久；但隨後，差不多有二千年，因為教會極力地想把新酒再裝回破舊的皮袋裏，所以女性就被禁止圍在這桌子前。瑪利亞那番充滿預言性的說話、抹大拉的馬利亞作使徒的職事、約亞拿的教導、馬大主領聖餐、索亞耳傳揚福音等等，都是她們在教會作領導者所做的事工，但這一切都已經被一掃而空，失去了蹤影。我們都應該為此而感到悲哀。

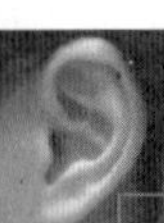

但是，瑪利亞的哭聲漸漸消失，似是因為我把揚聲機的聲音調低了。甚至馬大提起酒瓶要倒酒出來的動作也被定格。「等一等，」我說：「讓我們來默念她片刻。」讓我們來默念每一個不能在桌前服事的婦女。多年以來，她們如果是懷有身孕或者是在月經期間(這些女人的特徵)，她們甚至連桌子也不得走近。讓我們來記念那些一直保持沉默(有些到現在仍然是沉默的)的婦女，為我們所看見的空座位而悲傷。然而，這些由耶穌所設立的座位卻被教會所留空了。我們要哀悼這些信心女先祖，她們本來應該是我們的導師，但她們反被人綁了起來，塞著嘴巴，不能說話。

女人啊，你們在哪裏？按福音書的記載，你們曾忠心留守在十字架之下，又在復活日的大清早，勇敢地走去看主的墳墓。畢竟，你們曾一直陪著耶穌直到他走完最後的一程，你們一直在掙扎和委身。我才不相信你們可曾把他遺忘了，而反而會想起一些瑣事，說或者自己沒有把熨斗關掉，還是最好回家去弄個清楚。你們與男人是不同的，因為你們根本沒有選擇的餘地。一個女人曾經與一眾男女，並一位備受嫌疑的拉比東奔西走，會有哪個城鄉歡迎這樣的一個女人歸去呢？何況這個拉比曾經比馬丁路德更早提出要我們「放棄你的財產和親人」。耶穌已經將你們的生命完全改變過來了。那些作過他門徒的男人可以重新過著他們從前的生活，他們不過是放棄了他們的魚網，但你們是已經燒毀了你們的船。

你們要沉默無聲、被人遺忘、形像在藝術作品中被扭曲要到幾時呢？我們該從何處開始去尋找你們這些信心之母呢？這好像尋找線索去搜查失蹤人口，和要在拾荒遊戲中發現「蛛絲馬迹」那般，是一件很棘手的工作。

為了和米大示的理念一致，我們會翻開新約聖經，從那裏開始進行搜索，全面深入地研讀聖經，看看我們可以在哪裏找到這些信心女先祖。我們搜尋的時候，在當中找到的會比我們用肉眼看到的更多。

使徒行傳

在使徒行傳裏，有哪一處經文可以找到這些婦女呢？她們都被隱藏了。路加在寫使徒行傳的時候，需要集中處理大量與一個多元化的運動有關的資料。路加選擇了寫一個很獨特的英雄故事，他將這個新運動寫成一個講述彼得和保羅的傳記，並且，教會的發展是藉他們來展開的。路加為保羅和他的宣教旅程鋪排好故事的背景。他首先寫十二門徒，然後寫彼得，接著寫保羅，所以這卷書被稱為「眾使徒同台演出的多幕劇」，但可以更加貼切地稱為「一個使徒的獨腳戲」(或者頂多是兩個)。那些婦女(她們不是彼得或保羅)所演出的戲分不多，甚至連耶穌的母親馬利亞都只出現過一次，那是在五旬節之前。不過，我們同樣沒有看到其他幾個在福音書出現過的角色(例如馬太)，我們本來還期望在使徒行傳中會繼續看到他們積極參與建立初代教會哩。

新約書信

在新約書信中，有哪一處經文可以找到這些婦女呢？有時我們會忘記新約書信其實是一些信件。在這些信件中，保羅就著一些特別的事件，寫下很多基督教的教義。在很多保守的圈子裏，人們都將注意力放在書信上(因而忽略了福音書)，以致教會所注意的是保羅就著某些個別的文化背景所提到關於婦女講道的章節，而忽略了那些顯要的部分，就是當時的婦女是經常講道、說預言，和在教會中作公開禱告的部分。在書信中，我們只見婦女在一些旁白和問候語中出現，這大概是因為她們並非問題製造者的緣故。反之，她們是積極扮演作帶領者的角色，她們作使徒、作傳道的、作教師和家庭小組的組長。

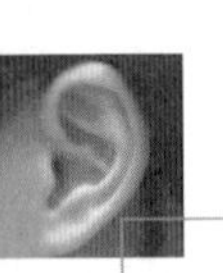

福音書

假如我們以為婦女在福音書出現之後就銷聲匿迹，那麼，我們就忽略了福音書的寫成，其實是在新約書信寫成之後的事實。在福音書裏，婦女擔綱了很大的戲分。福音書有關婦女的部分，是為那些要擔當婦女在教會中所扮演的積極角色的人而寫的。福音書是最後寫成而有提及初代教會婦女情況的書卷(成書期在主後六十五至八十年之間)，它們反映了在耶穌被釘十字架之後，那

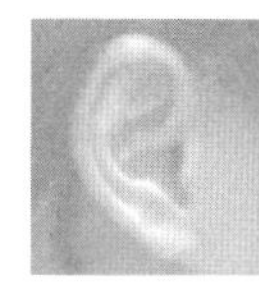

一代基督教羣體的信仰生活。好些婦女在福音書中表現積極的事實，正好表示她們在福音書寫成的時候，在基督教羣體中是有名的牧者。

在聖經中的證據是隱藏的，是被收起來的。但是，當我們按照第一世紀的人對婦女的認識去看這些經文的時候，我們就不難看見新運動是帶有其急進的本質。如果我們換一個角度去看，從猶太社會、以及希羅社會是如何對待婦女的角度，再轉去看按照耶穌，以及由聖靈所帶領的初代教會的行為態度，我們就會發現，原來我們差點兒走漏了眼，看不見這兩者之間的分別。

所以，拯救這些已經失去了蹤影的婦女，並根據她們的蹤迹，將她們重組出來的工作，很大部分都要留待我們用聖潔的角度，和用歷史的角度去想像出來的。

女人啊，我們要看到你們的出現和聽見你們的聲音；我們要知道，你們在獻上你們所有的一切之後，並沒有發覺自己變得兩手空空。當我們與你們在這桌子一同坐席的時候，我們已經作好了準備，要洗耳恭聽。死亡、時間和地域的阻隔，都是無意義的。我們在桌子前記念主的時候，大家是結連在一起的，並且是彼此相交的。我們也是女人，當我們跟從那位急進、使人得著釋放的耶穌時，我們同樣也是掙扎著要成為完全、堅強和對自己真誠的人。來向我們說話吧！

個人思考與小組討論問題

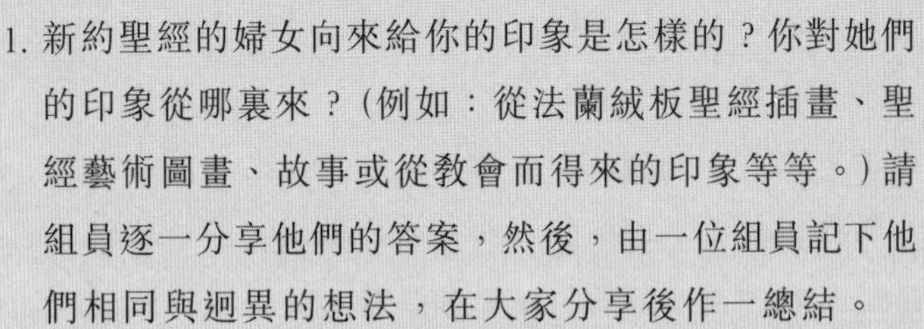

1. 新約聖經的婦女向來給你的印象是怎樣的？你對她們的印象從哪裏來？(例如：從法蘭絨板聖經插畫、聖經藝術圖畫、故事或從教會而得來的印象等等。)請組員逐一分享他們的答案，然後，由一位組員記下他們相同與迥異的想法，在大家分享後作一總結。

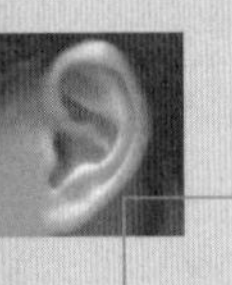

2. 作為今日的女性，我們對這些女信心偉人「失去蹤影」的問題應如何作出回應呢？我們應否感到氣憤，要麼結隊離開教會；或者心感不快，要努力改正這個問題；抑或接受它作為一個我們所要背起的十字架呢？

3. 在最早期的初代教會，很多初信的人會聚集在一起，我們是很難想像當時的情形到底是怎樣的。試將你的小組模擬為在耶路撒冷初代教會裏的一個家庭小組聚會，時間是在耶穌死而復活之後三年，彷如《她們的聲音——再遇跟隨耶穌的婦女》中所提到的婦女一樣。

   a. 當時的婦女與你們的小組有甚麼相同的地方？試列舉一些相似的地方。

   b. 兩者之間又有甚麼不同之處？(在回答這個問題的時候可能會遇到一些困難。試從猶太教、猶太人盼望彌賽亞的來臨、他們沒有新約聖經、地理上的限制等幾方面著手，找出答案來。)

4. 假如我們相信「聖徒相通」，正如我們有很多人都在每個主日一起誦讀信經一樣，我們可以感到自己與以前的人是同在「信」中，與他們連繫起來的。大聲朗讀希伯來書十二章1至2節。希伯來書的作者寫到，有一班男女正在鼓勵我們向前走，他們是我們信心的先祖。你覺得自己與這些信心女先祖有怎樣的一種連繫？

5. 在結束之前，談談你對參與這個小組的期望，並與其他組員一起為這些期望禱告。

第二章

抹大拉的馬利亞

光線初次映照在抹大拉的馬利亞的臉上，她的臉好像是完全透光似的。「自從那日清早見到他復活以後，我活著就是為了一生傳揚他。」她説。

在抹大拉的馬利亞那個時代，只有男人才可以接受教育和被委以重任。但是，我相信她也不失為一個通情達理，而且觸覺敏鋭的女性。不過，對抹大拉的馬利亞而言，發現自己是全然被耶穌所認識、所愛，才真正為她帶來莫大的釋放和人生意義。因為她從前那些感情脆弱的特質，如今已使她變成一個有見地和睿智的女人。抹大拉的馬利亞曾在她那位激進派的救主裏得著了釋放，成為一個活給現代女性看的平凡女人，她並且也呼召我們進入這個釋放裏。我很想知道，也很想像這個女人一樣，奉獻自己的一生，傳揚耶穌的真光。（參考資料頁142）

我們在讀四福音的時候得知，抹大拉的馬利亞在耶穌使她從罪中得釋放過來並且呼召她之後，就一直跟隨著耶穌，走遍加利利的地方。她留守在十字架旁直到最後一刻，親眼看著耶穌死去。她又走去看安葬耶穌的地方，與其他婦女一起在那個昏天黑地的安息日看著所發生的事。

其後，抹大拉的馬利亞在第一個復活日走到墳墓那裏。她因為深愛著她的夫子，甚至甘願冒著生命危險，到墳墓料理耶穌的身體。抹大拉的馬利亞被譽為初代教會的一個沒藥使者，沒藥使者就是那些帶著香料去膏抹耶穌身體的人。抹大拉的馬利亞在其他人還沒有看見復活的耶穌之前，而且是在所有跟隨耶穌的男人還沒有看見他復活之前，就已經見過耶穌，甚至在耶穌還沒有升上去見神之前她就遇見了他。能夠見到剛剛從死裏復活的神子，是何等興奮，何等榮耀啊！那剛破殼而出的身體是何等的新嫩，甚至連他的父神也未曾看見哩！抹大拉的馬利亞就好像耶穌的母親那般，看見他這新生的模樣，與這個身在榮耀之中的耶穌相遇。

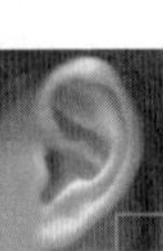

耶穌復活後在墳墓對她說：「你去，告訴……」這就是她被稱為「使徒之使徒」的由來。「使徒之使徒」是一個由希波律陀（Hippolytus；公元一七○至二三五年）創出來的新詞。在抹大拉的馬利亞那個時代，女人的證供在法庭上從不會受到重視，但她卻是耶穌復活的一個主要目擊證人。在早期的基督教藝術作品中，抹大拉的馬利亞在墓園的發現亦成了一個人皆喜愛的主題。不過，很少基督徒能夠看得出，這些壁畫是很深切地道出了誰是那些首先見證耶穌復活的人。

來看著她，抹大拉的馬利亞認為跟隨耶穌要比甚麼都來得重要。她整個人都全情投入在跟隨耶穌的喜樂與痛苦之中。耶穌說，那真正作他門徒的人是那些他會以他們的名字稱呼他們的人。而在墓園裏，耶穌就是這樣喊她的：「馬利亞。」

失去蹤影

照樣，當我望著坐在桌子前的抹大拉的馬利亞的時候，我在想，她是無法得知她將會如何失去蹤影。假如她知道自己的一生會被人扭曲和被用來作取笑的對象的話，她將會有何感想呢？

抹大拉的馬利亞把主復活的消息告訴十二門徒，但他們卻視她的話為一些閒言閒語。我們可以怪責他們嗎？他們不過是那個時代製造出來的產物。雖然在四福音裏有關復活的記載都說明抹大拉的馬利亞是第一個見證人，但是，在保羅從耶路撒冷所「領受」的「官方」記錄中（林前十五3～8），並沒有提及抹大拉的馬利亞這個人的見證。這個「官方」記錄是教會在最初幾年所提供的標準答案。因為當時保守的耶路撒冷教會仍然在猶太教的舊皮袋之下運作，所以教會是不會在「官方」記錄中提及一個無效的見證人。

我可以理解初代教會在發表官方的版本、決定誰入選為重要的見證人之列的時候，或許需要很謹慎。但是，我難以理解其他所有發生在抹大拉的馬利亞身上的事情：當有人提到她這個堅毅的人，這個奠下我們信心之基礎的女子的時候，我們卻掙扎著要否擋住不去看她那被扭曲的形像。像抹大拉的馬利亞這樣一個感情脆弱的人，像她這樣一個成為初代教會勇敢和作主使徒的象徵的人，怎麼可以被人刻劃成一個墮落的女人的呢？她受到敬重難道真的只因為她曾為著自己過去所犯的奸淫悔恨終生嗎？

答案其實很簡單，皆因教會遠遠偏離了耶穌所立下的榜樣，不奉行平等主義。那個仍在草創階段的教會認為，以抹大拉的馬利亞為首的做法是大有問題的。著名的教父俄利根（Origen）曾抱怨說，抹大拉的馬利亞是一個「完全不恰當的第一見證人」。有些教父亦曾爭議，第一個看見基督復活的人應該是耶穌的母親，因為如果耶穌向抹大拉的馬利亞顯現，比他向自己的母親顯現的時間還要早，這明顯是不恰當的。但亦有其他教父反駁說，他們之所以認為抹大拉的馬利亞不是最先看見耶穌復活的人，無非是因為他們沒有信心相信婦女是第一批見證人。俄利根就復活見證人一事加以解釋說，耶穌其實毋須向聖母馬利亞顯然，因為她已經相信了，反之，抹大拉的馬利亞對他的復活仍然存有懷疑。事實上，俄利根認為耶穌可能首先向抹大拉的馬利亞顯然，因為這是聖母馬利亞吩咐他這樣做的，原因是抹大拉的馬利亞的信心太小。她的確是去了墳墓，不過她是去膏抹一個死人！（即或在今天，在其中一個最普及的新約翻譯版本——新國際版中，一個「學者」在復活顯現的事上也曾寫下這樣的註釋：他認為耶穌很可能是最先向抹大拉的馬利亞顯現，原因是因為她很憂愁。）難道耶穌向她顯現不是因為她的虔誠麼？她不是常與耶穌一起的麼？他傳道的時候，她在那裏；他上十字架的時候，她也在那裏；現在她不是又走到墳墓去膏抹他麼？

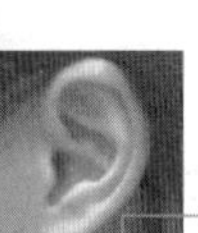

初代教會是一個被行族長制的世界所浸透的教會。教會很快找到更多有效的方法去摒除抹大拉的馬利亞；而且，這些方法要比質疑她是否耶穌復活的第一見證人更見功效。結果，抹大拉的馬利亞被裝扮成一個墮落的

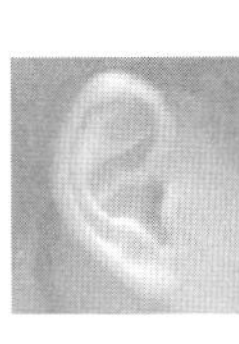

女人，並與那個膏耶穌的有罪女人和馬大的妹妹馬利亞混為一談（參考資料頁143）。到了聖格列高利一世（Gregory）執掌教廷的時代（主後五四〇至六〇四年），這個錯誤所造成的破壞已成定局。這些「馬利亞」從此被合併成為一個人，而且直到一九六九年為止，教會官方的教導仍是一直保持著這個講法。而為這個三合一歡慶的日子就在七月二十二日。

一直以來，這個集眾人於一身的抹大拉的馬利亞成了一個象徵，她象徵教會禁欲主義與悔罪這兩個有決定性影響的觀念。此外，亦有一個故事加插在這些馬利亞的故事之中。故事講述在第五世紀的一個妓女——埃及的馬利亞。她在去巴勒斯坦地之前，在亞歷山大一直活在罪中已經有十七年之久。後來，她用了四十七年的時間為罪懺悔，赤條條的流落在巴勒斯坦的荒漠，只用自己的頭髮來遮蔽身體。這些婦女相同的名字以及人們假定她們所犯的罪，令到聖徒傳記作者也作出了假設，認為抹大拉的馬利亞一定也是為了試圖擺脱她過去所犯的罪而做出同樣的事。因此，像埃及的馬利亞一樣，抹大拉的馬利亞也是多年來過著赤身露體、披頭散髮的懺悔生活。這個被改造過的抹大拉的馬利亞象徵著教會幾個思想：沒有一個人會被關在恩典之門外，但是懺悔是得恩典的關鍵所在。抹大拉的馬利亞已經不再是一個剛強、罪已經得赦免的耶穌的跟隨者，她不是使徒之使徒；而且，她不義的性行為使她一直過著懺悔的生活，直到她因為三十二年的不吃不喝而得到人的敬重為止。

從抹大拉的馬利亞被改造成一個**卓越**的懺悔者一事

上，我們更加見到的是一個行禁欲主義的教會所抱的態度，而不是關於她這個人本身的事。由此可見，教會禁欲主義的實質就是對性與肉體的恐懼。他們將人類的墮落歸咎於夏娃，從主後二〇〇年往後的一段時間開始，早期神學家幾乎都可以肯定，夏娃並不是如聖經所說的吃了分別善惡樹的果子，而是吃了性欲樹的果子。他們將保羅的教導(獨身對某些人來說可能是一個選擇的教導)改頭換面，說性除了是為生產的緣故之外，都是邪惡的。性的罪與人類的墮落連結在一起，性引致人類從伊甸園被逐出，去到死亡之地，而女人乃是罪魁禍首。沒有死亡，人就不需要有性，所以，性、死亡以及女性是互相纏結在一起的。抹大拉的馬利亞的名字因此而成為危險和肉體墮落的同義詞。因為她在遇見復活的基督之後，試圖為彌補自己曾經所犯下的奸淫罪，多年來仍一直流浪荒漠。

由於抹大拉的馬利亞成為禁欲主義與悔罪的一個著名的典型人物，有無數關於她的事迹因此亦留傳下來；好些有關她的一生和死亡的事迹亦成為當時家傳戶曉的色情故事。貞潔成為人性中的典範。在一本聖徒傳記中，大凡提到女人的地方，都必會提及她們是不是處女。不過，抹大拉的馬利亞的故事倒成為一個另類的色情傳記，她甚至是一個經過多年的懺悔之後，仍未能完全從她的前生復元過來的人。

抹大拉的馬利亞已不再是我們中間的一分子，她變成一個在未遇見耶穌之前，永遠懺悔、永遠無法為自己在道德上的錯失而贖罪的人。在一些藝術作品中，抹大拉的馬利亞被描繪成一個為自己的身體和所走錯的路而一生鬱結的人。我們大都不是過著一些完全荒淫墮落的生活的人，但縱使我們真是這樣的人，抹大拉的馬利亞得醫治的故事對我們也是毫不吸引。年年如是的終日禁食，在沙漠赤身露體，為的是使自己做得夠好為止，可以得蒙神所接納嗎？她以一個導師和信徒典範的身分失去蹤影，這是因為由教會塑造出來的她，與福音書上所記載的她完全沒有關係。然而，她不單在藝術作品中被扭曲，而且在講道信息和聖經研究中也被人們所忽視。

看來，好端端的一個抹大拉的馬利亞是無緣無故地失去蹤影的。我們如何能夠找到她呢？以賽亞書的作者說，要追想被鑿而出的磐石，被挖而出的巖穴。

被尋回來

抹大拉的馬利亞，我們視你為一個跟隨耶穌、走過黑暗、也行在光明中的門徒。我們要聽你的說話，你是傳耶穌信息的人，是使徒之使徒。

雖然抹大拉的馬利亞在使徒行傳中失去了蹤影，但是她在福音書的重要角色，說明了她在初代教會是一個吃重的人物。在聖經還未被寫下來的早段日子，人都很寶貴那些為耶穌的一生和復活作見證的人的教導，而抹大拉的馬利亞是見證耶穌復活的主要證人。

從我在福音書讀到關於抹大拉的馬利亞的事迹看來，我相信她在五旬節之後曾留在耶路撒冷傳道和教導人。我也估計她在司提反被石頭打死之後，與約亞拿一道去了安提阿。她們在安提阿那個富裕、多元化的社會中，與由聖靈引導、以希臘語為母語的信徒一起生活，或者會有置身家中的感覺。最後，我預計抹大拉的馬利亞會繼續走得更遠，最終將福音傳到羅馬。雖然有些故事記載她去了法國，不過，這些故事是屬實還是虛構其實都不要緊，重要的是她繼續她作使徒的職分，直到生命的終結為止。

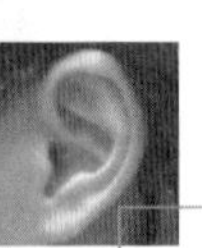

抹大拉的馬利亞的目光閃亮，環顧坐在桌子旁的人。「馬利亞，告訴我們，你發現他復活的情形是怎樣的？」蘇撒拿捏著抹大拉的馬利亞的手說。雖然在這些婦女當中，有很多人已經聽過無數次，但她們從來都覺得百聽不厭。索亞耳是從未聽過這事的人，而我們這些現代女性也想聽她親自複述這件事情的經過。

「好的，我很樂意說。」抹大拉的馬利亞說。她停下來有一兩分鐘的時間，讓那個她熟悉的房間和那些熟悉的面孔把她帶回去，到那個最重要的清晨。對馬利亞來說，和對所有跟隨他們的拉比的人來說，那是一個把世界由黑暗轉向光明的清晨。基督徒的敬拜之所以在星期日進行，即一星期裏的頭一天，也是因為抹大拉的馬利亞在那個清早的發現。

在他上耶路撒冷之前的最後幾個月，我們都為他感到擔憂。到了最後的一個星期，我看著他逐步邁向死亡，後來，又看著他被捉拿和殺害。你無法想像……索亞耳，那一夜我們都在講述自己的故事，講我們是如何遇見了他，他又是如何改變我們……我們極渴望知道，

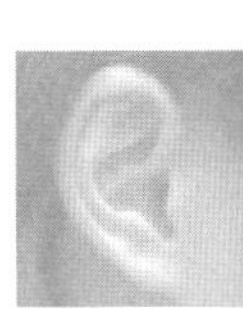

為何像耶穌這樣的人也會死。我們一面對談、一面痛哭，後來大家都坐下來，誰也不再説甚麼。

當晨光接著天際的時候，我們旋即迎著寒風出發，帶著香料去膏抹他的身體。

自從我們在星期五離開縣城以來，一生好像都已一一終結似的。從我們把他的身體安葬之後到這一刻，中間真的才只有三十六小時的光景嗎？

約亞拿在我們進入墓園的時候方才想起，我們是不可能進到墳墓裏去的，因為它被石頭封著。後來，革羅罷的妻子馬利亞建議，她或者可以去請看守的兵丁幫忙，但約亞拿説要是請他們來幫忙，為我們打開一個罪犯的墳墓會很危險……

但是革羅罷的妻子馬利亞哪會顧慮到這些事，我是這樣想。耶穌已經死了，我們怎會在乎發生甚麼事……即使我們會被捉拿和殺害……

要是害怕不前去，就沒啥希望……我們無所害怕，就算害怕也沒有關係。要緊的是我所行的每一步會帶我走得更接近他寶貴的身體，這身體是我所愛的主惟一存留下來的。走過那個灰濛濛的黎明，我們每走一步就愈接近他一步……那就是我們一心所關注的。

在遠處有一隻雀鳥吱吱地叫。我聽到自己的呼吸聲，和我們的腳步聲，我們愈走……愈近……

最後，我們到了那裏，但一切都是我們所逆料的……石頭被人使勁地拉開了。約亞拿拉著我，「你在這兒等一下。」她説，然後繼續推進去看墳墓。之後，她轉過身來，臉面都扭作一團。「不見了，」她低聲説：

「不見了。」

我跑開去，發狂地不停抽泣。怎能……怎麼可能會發生這樣的事情？我所愛的夫子，我的朋友……已經死了。難道如今我想望能夠觸摸他的身體，膏抹他，告訴他我愛他，也算是一個過分的要求麼？我走過的每一步都是朝著他走去的……我需要他。

在接著下來的幾分鐘，或者幾個小時的驚恐……我感到自己全身往下墜，好像吊著我的新生的最後一條線斷了一般……下墜的不單是我的身軀。我雙手比任何東西更渴望能夠觸摸他那冰冷的身體……

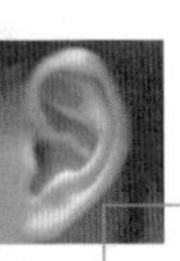

我蜷縮著身體倒臥在草地上，不停地痛哭……我只想能再見到他……最後一面。我努力提醒自己：他無意要撇下你一個人，不會的，他那麼良善……我們早知道他們會殺害他，只是他不曉得。

我對自己說，你仍然對他有一份愛……愛如死般堅強……但我很想觸摸他。我痛哭，不停的痛哭，我的世界是一片漆黑。

那些野蠻人、盜墓者、和那些在十字架旁嘲笑過主的殘忍的人……「你若是神的兒子，從上面爬下來吧……喂，行神蹟的工人，不好受吧？」他們現在向他做了些甚麼？

神啊……我當時似乎明白過來了。神與那些人是一夥的，他與那些盜墓者、野蠻人和殘忍的人是一樣的。

原來最叫人嘔心的玩笑是這個神開出來的。從前，耶穌愛「他的父」，他是這樣稱呼神的，但是現在神又怎樣對待他呢……這個神在耶穌最需要他的時候拋棄了他……他叫喊的聲音在我腦海中回盪：「我的神，我的神，你為甚麼離棄我？」我拉下頭巾，覆蓋自己的頭，很想可以避開那份驚恐。日頭如噩夢升起，照著一個沒有耶穌、沒有慈愛的神、沒有希望的世界。

我不知道時間過了多久。最後，我抱著沉重的身體站起來。其他人在哪裏呢？我回去以後，要如何告訴他的母親，說他的遺體被偷去了呢？

我回頭向著墳墓走去……香料在哪裏？我一定是在甚麼地方把它們掉了，是在甚麼地方掉了。「他在哪裏？他在哪裏？」我跌了一交。我覺得，只要我能找到那些香料，我就可能會找到他的遺體。「要快點找，快點！」我流下淚來。

我好像在噩夢中，用自己的頭巾抹臉和眼睛，努力去找那個瓶子……

忽然，有一個人站在那裏。

我想，或者他會知道。他問我為甚麼在哭。「你見過他沒有？」我痛哭著問：「我一定要找到他的……求求你……幫幫忙。」

「馬利亞。」在那一剎那間，我彷彿看見那些冰封了的樹，本來葉子都掉下來，又再發出新芽了。天空上，那個老舊的太陽死了，但又升起一個新的、壯嫩的太陽。繁星轉動，南十字星正把北斗七星從軌道上擠開去。「馬利亞。」耶穌以前常常都是這樣叫我的。

不過，時間在半空停頓下來。他已經死了，這是我知道的……我親眼目睹他死去的整個過程，看著他們把他從十字架上放下來，我觸摸過他冰冷的身軀，幫忙把他放進墳墓裏。是的，他死了，但是……我拭去我湧流著的眼淚……我記起，他那可愛的顎骨，從這邊的耳朵延伸到另一隻耳朵，還有他眼角的皺紋和他說話的聲音。「馬利亞。」

我口中噎著我以前慣常稱呼他的名字：「拉波尼」，我很想擁抱他，把我的頭埋進他的胸膛，抱著他寶貴的雙腳。我的眼淚又再湧流，他眯著眼睛咧嘴而笑，不過，我此刻流著的是喜樂的淚。「馬利亞，」他說：「馬利亞。」

我哭著、笑著又跳著返回伯大尼。我踏入門口的時候，一張張憂愁、勇敢的臉向我這邊迎過來。馬大說：「約亞拿剛才說出了岔子……我們忘了那塊石頭。」

蘇撒拿，當時你是真真正正望著我的人，你問我：「馬利亞！甚麼事？發生了甚麼事呀？」

「我看見他！耶穌呀，我看見耶穌。他對我說：『馬利亞。』」

我望著你，馬大，還有你，瑪利亞。我問你們：「你們聽見我所說的話沒有？他不是死了！」

瑪利亞，你摟著我說：「是真的嗎？但你一定是累了，連日來大家都辛苦了。」

馬大，你當時搖著頭說：「她的精神太過緊張了……」

他的母親坐在一處，我走去擁抱她，我說：「他復活了。死亡不能轄制他。我的姊妹們呀，他已經復活了，我還與他說話哩！」我望著你們每一個人的臉。「我還以為他是看園的人哩！但他說：『馬利亞。』他叫我的時候跟從前是一樣的。他對我說的第一句話是……馬利亞。」

「但我忘記了！」我說：「他吩咐我去告訴其他人。我已經跟你們說過了，現在我要去告訴那些男人……我懷疑他們會否相信我的話。」我跑去他們那裏，彷彿我是從來沒有跑過似的。我感到自己好像用地上的耳朵聽到天上的歌聲那般，整個人被榮耀破開來。

他們的臉色難看極了，但我告訴他們的時候，他們都努力表現得很客氣。彼得甚至沒有抬頭望一下，他就是坐在那裏，雙手抱著頭。我想他們必定是因為沒有留在十字架下而感到歉疚。我對他們說，我想耶穌很快會向他們顯現的。不過，他們中間有人說，假如有甚麼像這樣不尋常的事要發生的話，耶穌會很有理性地找一個最少能在法庭上作證供的人。我幾乎要縱聲大笑出來，我感到沒有甚麼事可以再叫我憂愁似的。每當我閉起雙眼，甚或是半掩眼簾，我都可以看到耶穌的臉。

我回到這房子之後，就蜷作一團蒙頭大睡，並不分晝與夜。到了大概晚上九點鐘的時候，約翰走來叩門，他告訴我們耶穌已經向他們顯現了。他特別想講給我知。我對著他笑，就再去睡了。

在接下來的幾個星期裏，我們睡覺、燒飯、聊天、回想前事。耶穌告訴我們，他很快會離開我們，他說他會給我們一份禮物，而且是一份比他自己親身與我們同在還要更好的禮物，這禮物就是他的靈氣。

這就是事情的經過。一直以來，我都不斷向人述說這事，只要有人願意聽，我就會再複述一遍。這就是我的一生：去耶穌叫我去的地方，告訴人生命和真光要比死亡和黑暗更強。

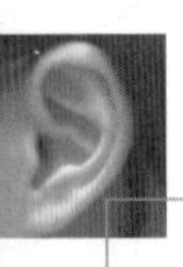

個人思考問題

細讀幾處有關抹大拉的馬利亞的經文(路八1～3，二十三46～二十四12；太二十七55～二十八10；可十五40～十六11；約十九25，二十1～18)。然後從你個人的經歷裏、從經文中、當時的背景，以及從第二章所提到關於抹大拉的馬利亞的故事中，思考以下的問題。如果你把答案記下來的話，或者對你會有幫助。

1. 雖然我們得到有關抹大拉的馬利亞的資料很少，但是，我們從四福音中，知道她能夠十分接近耶穌，又在很多重要的時刻出現。由此看來，她必定是一個很特別的人物。你在她身上，看到她有甚麼特質呢？她有哪些特質是你也希望學習的呢？

2. 人大部分的特質都是有兩面的：一面是長處或優點，另一面是它的影子，即脆弱的地方或弱點。

   a. 你認為抹大拉的馬利亞有哪些長處／弱點呢？(例如，她是個很敏感的人；一個容易受傷的人會出現哪些長處或弱點？)

   b. 你擁有哪些令你容易受傷的特質，但它同時又可以被視為(或可以成為)你的優點的呢？

3. 抹大拉的馬利亞要帶一個信息給其他門徒，但他們視她所說的話是等閒話。你過往有沒有這種經驗，別人對你的説話不是半信半疑，就是置若罔聞？你又是怎樣處理那種不快的感覺呢？遇到這種情況，怎樣的處理方法才是最好的呢？

4. 一個女人走去犯人釘十字架的地方，或去犯人的墳墓那裏是一件很危險的事，這是抹大拉的馬利亞和其他婦女也知道的事。然而，抹大拉的馬利亞為甚麼會有這份勇氣走去這些地方呢？

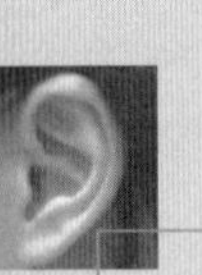

5. 你想為甚麼耶穌揀了抹大拉的馬利亞作為他復活的首位見證人呢？第一位見證耶穌復活的人是一個女人的事實，對你有甚麼意義呢？

6. 為甚麼對於耶穌的死和復活，女性與男性的感受會有那麼大的分別？你從這個分別中學到甚麼功課呢？

小組討論問題

1. 分享一下你在個人思考問題第1和2題的答案，你對抹大拉的馬利亞的印象如何？就抹大拉的馬利亞是一個怎樣的人(以及她的優點和弱點)而言，你們小組是否有一個一致的答案，而個別組員的答案又有多大程度是一致的呢？

2. 抹大拉的馬利亞應該會激勵我們將自己感情脆弱的地

方培育成我們的優點。從你在個人思考問題第2b題中所記下的答案，與你的組員分享一下，在你的生命裏，有哪些並存的優點和弱點：例如，像抹大拉的馬利亞一樣，她在某方面有的弱點也代表了她在某方面有的優點。

3. 很多人都嘗試對抹大拉的馬利亞與耶穌的密切關係作出解釋，並經常把它「性關係化」。雖然這些人自以為是從問題的根本去作出思考，但依我看，他們所講的其實與奧古斯汀 (Augustine) 和阿奎那 (Aquinas) 所講的根本沒有不同。奧古斯汀和阿奎那認為，神將夏娃帶進伊甸園的原因必定是因為性的緣故，不然，為甚麼神不乾脆多造一個男人？因為男人明顯比女人會是一個較佳的伙伴。在抹大拉的馬利亞與耶穌關係之密切這事上，你想到些甚麼？你所想到的是與甚麼有關的？與你的組員分享一下你在個人思考問題中第4及5題的答案。為甚麼抹大拉的馬利亞會在十字架下和墳墓出現呢？為甚麼她會是第一位見證人呢？

4. 很多不同宗派的教會仍視女性所講的說話為「等閒話」。從你在個人思考問題第3題的答案，你認為有甚麼方法可以改善這個情況呢？

5. 當你想到在歷世歷代以來，教會是如何對待抹大拉的馬利亞的時候，你很容易見到很多叫人感到驚顫和反感的地方。你想為甚麼將抹大拉的馬利亞描繪成一個墮落的女人，會為教會帶來一定程度的太平？

a. 在教會處理抹大拉的馬利亞的一段可悲的歷史中，有一點是相當顯而易見的，就是當一些在文化上的偏見闖進來，並扭曲我們對神的認識的時候，我們竟然是如此脆弱，毫無招架的能力。但有沒有一些方法是我們可以用來保護自己免受其害的呢？在新千禧年伊始，又有沒有一些東西正被教會扭曲呢？

6. 對我們今日這些教會中的女性來說，抹大拉的馬利亞的經歷給我們的信息是甚麼？我們可以如何幫助教會尋回這個了不起、叫人鼓舞的女子呢？

第三章

馬大的妹子瑪利亞

坐在馬大旁邊的瑪利亞抬頭望著眾婦女，她說：「聖靈賜給我們喜樂，使我們剛強起來，並與耶穌同行，明白他的心意。」

失去蹤影

在福音書裏，馬大的妹妹叫馬利亞，不過，我會叫她瑪利亞，以便把她從眾多個跟隨耶穌的馬利亞分別開來。事實上，多個世紀以來，這些馬利亞使很多人感到混淆不清（參考資料頁144）。大部分當代的人，甚至是那些在教會聽道的日子已經不短的人，對這個馬利亞的認識都很少。他們可能除了知道她坐在耶穌的腳前，而馬大並沒有坐下來這件事情之外，別的關於她的事就不甚了了。要是提起她，我們的反應可能是：「是哪一位馬利亞呀？」瑪利亞已經失了蹤影，她很大程度上是已經被人忘記得一乾二淨。

我認為瑪利亞是在耶穌的跟隨者當中，一個比很多人更蒙福、有更高領悟力的人。她是一個體察入微的女性，能在事理中找出箇中的智慧所在，並辨別出甚麼叫真情實意的人。在門徒中，她往往是超前那些弟兄幾十步之多。

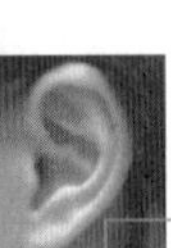

我們在路加福音中看到的瑪利亞，似乎是惟一一個明白到耶穌所講的話是有多重要的人。她很開心愉快地坐在這個拉比腳前聽他講道。耶穌稱讚她，給予她肯定，說她是揀選了那上好的福分。

雖然耶穌稱讚瑪利亞，但我們很輕忽地以為，這對於她來說只是一件容易不過的事。我們有誰不會選擇坐下來，聽一位偉大的夫子證道，而讓其他人去操勞弄晚餐呢？但是，我們只消停下來細心想像一下這個情景，我們就不得不承認，瑪利亞是一個勇敢的人。甚至對今日的女性而言，瑪利亞的選擇亦會是一個殊不容易的決定。因為社會壓力終歸是社會壓力，瑪利亞這個坐下來要學道的選擇，一定是一個經過深思熟慮、很難做出來的決定，而這個選擇對我們來說就是一項挑戰。

瑪利亞坐在耶穌腳前，一定也清楚知道她的姐姐有多不高興。假如我是瑪利亞，聽到自己的姐姐在廚房裏把櫃門關得砰砰響，並聽見她發牢騷的聲音，我就會對耶穌說：「耶穌，你講的道確實很吸引，但是，請恕我失陪，我想，我還是要去廚房幫忙一下，看來，我姐姐需要我。」然而，瑪利亞並沒有站起身來。

瑪利亞可能已經聽到一些批評她的話，說她在幼年時坐在一個拉比的腳前；但相比她姐姐的苦惱，她的堅持更頑強。因為瑪利亞很明白，作為一個女人，別人會看她像一個小孩一樣，是一個並不能在倫理道德上作出任何決定的人。瑪利亞可能早已十分清楚知道當日普遍流傳的教訓：教一個女人聖書上的話，如同給她們看色情作品；寧可燒掉妥拉也不應把它給予一個女人。瑪利亞可能已很清楚知道，在耶穌之前，從來沒有拉比會呼召女人，教導她們，或容許她們跟隨自己的。但瑪利亞卻做了一件很矚目的事，她坐在耶穌腳前。無怪乎耶穌會對她的選擇表示出一種敬意。對我和這個時代的其他女性而言，瑪利亞代表著一個無視社會壓力的女人，她知道自己所寶貴的是甚麼，並且她是以虔誠的態度把這寶貝緊緊握住(參考資料頁144)。

當其他門徒都紛紛四散之際，瑪利亞很可能仍守候在十字架旁。我們從很多畫作中，可以想像到耶穌被釘十架的情景，畫中的男人、女人和聖職人員圍著十字架，站著觀看。不過，根據四福音的記載，在那裏的人應該是一班婦女(參考資料頁145)。對她們來說，眼見耶穌受凌辱不單是一件可怕的事(而實際上，在當時的文化背景中，看著他赤身露體是一件可恥的事)，被人看見她們在一個罪犯的十字架下痛哭也是十分危險的。所以，她們在受難日的記憶其實是一個永無休止的噩夢。

在約翰福音的記載接近尾聲的時候，在那個可怕日子來臨之前，瑪利亞是那個最具敏銳觸覺、知道耶穌快將要死的人。她感受到他的驚懼和孤單，於是她膏她的夫子來表示她的愛。結果，耶穌再一次稱讚她，這一次的稱讚非常意味深長，耶穌說，她膏抹他的事也要被述說出來，作為他的故事的一部分，以記念她。在初代教會時期，瑪利亞、抹大拉的馬利亞、約亞拿和撒羅米都是沒藥使者，是帶著香膏去抹耶穌的人。瑪利亞代表了勇敢、聰敏和愛的行動。約翰福音的作者也說，瑪利亞是耶穌所愛的。

瑪利亞是偉大的門徒中的一員，她明白，她跟隨，並且以愛去回應。那麼，為甚麼在教會的歷史中，她沒有成為我們要努力學習的目標？

瑪利亞被教父誤放在別處地方，與其他人物混淆了。瑪利亞與抹大拉的馬利亞，和那個膏耶穌的有罪女人連在一起。她被融合成一個象徵，但不是代表一個女人的剛強、明白事理和勇氣，而是代表女性肉體的軟弱、羞恥和無止境的懺悔。當代天主教學者相信，就早期的教導而言，教會一定是有意進行曲解，將這三個女人混為一談。這些學者認為，他們除了見到這是存心所致之外，亦很難知道還可以有甚麼其他原因。那個「有罪的女人」，就是那膏耶穌的妓女，並非因為反叛或淫蕩而淪為妓女(好像那些嫖客是因反叛或淫蕩而嫖妓一樣)，她乃是為極度貧窮所迫而成為妓女。這個女人與那個與她姐姐在伯大尼共同擁有自己房子的女人，絕不可能是同一個人。如果這個錯誤不是有意揑造出來的話，那麼，它就是因為人要侮辱跟隨耶穌的婦女，從潛意識所激發出來的一個錯誤結果。

雖然瑪利亞是另一個強而有力的模範和導師，她代表無懼社會壓力，聽從耶穌，並且得到她的夫子再三稱讚的人；但是，她與性扯上了關係，並且要徒然為她淫亂的罪進行永無休止的懺悔。耶穌説瑪利亞膏他的故事將要被述説出來，以為記念，但我們證明了耶穌此話差矣，因為記念瑪利亞的事已成功地被塗掉差不多有二千年。

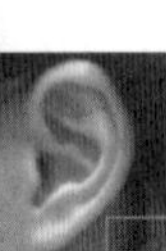

被尋回來

瑪利亞，我們沒有忘記你。你坐在耶穌腳前，用了很多時間如拾落穗般收集你早期所預見的真理教導，以及你對夫子的愛的真情表達，還有對他不離不棄、直到最後一刻為止的堅持等等，都是我們很愛見聞的。我們這些女人要稱頌你為一個教會之母(參考資料頁145)。

觸覺敏鋭、有智慧、被聖靈充滿的瑪利亞，向我們説話吧！

耶穌吩咐我們要等。他離世以後，我們就留在城中那間房子裏。我們禱告，彼此相交和讀經上的話。

觀察和等待：我想，女人尤其擅長於觀察和等待。在拉撒路死後，馬大和我在這方面的學習煞是不容易。但或者對我們來説已是比較容易的。我們根本都沒想過我們在等待甚麼，但我努力提醒自己，這事若是出於耶穌，就必然會是一件美事。

我看著那些男人，不知他們會發生甚麼事。我記得耶穌復活後的頭幾天，他們很內疚，這不單是因為他們曾經離棄耶穌，而且也是因為自己的不信和不明白而感到沮喪。當耶穌第一次向他們顯現的時候，他們怕得要命，並把門都關上。約翰告訴我，耶穌説他們無知，説他們的心信得太遲。

我想，彼得自覺不配得著耶穌復活的那份喜樂，他在房間裏禱告的時候，我看見他在鑽研經書。一天，他提出建議，要選人出來代替猶大。他宣佈候選人的條件，這人必須是一個在我們中間始終出入，並與我們同作耶穌復活的見證的人。

約亞拿和我相對而視。明顯地，在彼得的腦海中並沒有閃過那個最有可能當選的人，她就是耶穌復活的第一見證人，而且是在復活日的清晨將耶穌復活的消息帶給他們的人。彼得感到自己的責任很重大，也很怕自己會再次做錯事，而且他似乎忘記了耶穌亦曾揀選了一些頗不合適的人，包括他自己。後來，彼得製簽，選了馬提亞出來。我並不知道馬提亞後來發生了甚麼事。我提醒自己，他們不過是儘量做到小心謹慎和忠信，只是他們沒有看到新運動是有其激進的本質而已。

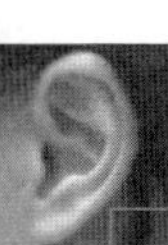

他們怎會看得出來呢？我們知道耶穌付上了極大的代價。其他人或者會討論耶穌明白自己的死和復活到底有多深，但我記得在我們家裏，就是我膏他的那一夜，他的眼裏滿是愁苦。他知道自己即將會死，但他不知道他能怎樣忍受苦楚，也不確知以後所會發生的事。

彼得和其他人沒有去到十字架那裏。耶穌在十字架上赤身露體、受盡羞辱和極度的痛苦，那個殘忍的印象，在我腦海中成了永遠的烙印。我們所愛的主……我們這些看著他的女人，都知道耶穌是反行其道的，他將一切倒轉過來。我們作為被遺棄的人，作為弱者，我們明白敬拜神要付出的代價是甚麼，因為我們所敬拜的是一位揀選軟弱和屬乎肉體的人的神。

於是，我們等候禱告。耶路撒冷到處都聚集了很多上來過五旬節的人。要發生的事終於發生了。

那日早晨，我們如常聚集。信徒中有些人在吃東西，有人在低聲談話，也有人在禱告。我剛安頓下來，正準備禱告的時候，就聽到街上傳來驢子的蹄聲，和有人在吟唱詩歌的聲音。

忽然，傳來了一陣隆然巨響的聲音，懾人心弦。我腦中閃過一個念頭，以為它可能是地震，或是暴雨，又或是雷轟的聲音。人人都跳起來尖叫，大聲喊叫……

在巨響過後，在頃刻間，我們被一股強風擊中了。我感到那陣風砰地打我的背，要撕裂我的全身，把我的手腳提起來。我張開口，大口大口地吸入迎面揮過來的強風，風推壓著我的眼睫毛，情況就好像在海邊被大浪打在腳上一般，被浪濤翻滾著，要把我洗刷一身。

我搖搖晃晃，想像自己跳著一支沒有舞步卻非常美妙的舞蹈。我看見多馬，他舉目仰望，雙手舉起，面對著耶穌的母親搖動自己的身體。耶穌的母親則拉下面紗，緩步搖擺著。我們還在跳舞的時候，有東西好像火花隨風吹送過來，分別落在各人的頭上，火花一邊閃爍一邊舞動著。

那是應許的應驗，我們無人置疑。這是神，偉大的聖靈勢不可擋地包圍著我們。我們被一陣極其喜樂的急流橫掃著，這急流在我們裏外都能想像到和感覺到。我們在歡樂中起舞，在狂風中感到被愛著而跳躍起來。我成了一個剛強的人，一個大可以直往山上跑過去的人。

之後，我看到其他人又笑又哭，有些人互相擁抱。我又發覺，自己原來也是笑著哭著的。我試著跟馬可說話，他就在我身旁，他也在笑，但我不明白他所說的話。不過，看來這都不重要。我們在神裏面飄浮起來，整個人浸透在神裏面，誰也不會問為甚麼。我們所能做的就是縱情去跳舞、去笑、去哭。

我搖動著身體四處走，在神裏面暢泳得有點目眩，到處好像都有閃光，有如陽光照耀時的雨點，閃閃發亮。

後來，那個房間好像無法再容納我們一樣，於是，我們開始從樓梯滾下來，輕輕拍著彼此的背，並且手握著手。當我們走到街上的時候，有一羣人瞪著我們。其中有些人開始拉著他們的親人離開，他們說：「他們是喝醉了。」

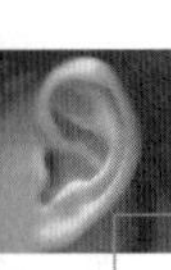

人們因為在剛才過去的一刻鐘裏面所發生的事情(還是十五小時呢？)，可能會覺得我們很奇怪，但事實不然。彼得站在一個最高的地方，笑著對那些人說，我們要是喝醉了，在現在這個時間，還是太早了罷。他接著講了一堂很精彩的信息。

彼得講到先知約珥和澆灌在我們身上的聖靈，以及這一切是如何成為神的計劃。聖靈並非只是給予眾先知的，也是給予眾人，給所有有血氣的人的。接著，他提到耶穌，他證道的時候，所講的一切都如同是他親眼目睹的一樣。彼得講到耶穌所教訓的道，並他醫治和赦罪的大能，有如他死的時候那件沒有縫口的衣服一樣完美。他還講到他的復活，以及他們剛才親眼見到和親耳聽到的聖靈。彼得說，聖靈乃是一個憑證，是要證明耶穌是真的。

眾人開始流淚，以面紗掩著自己的臉，有些人撕裂他們的衣服，開始痛哭說：「我們該怎樣行？」數以百計的人(雖然亦有些人說是數以千計的人)加入了我們

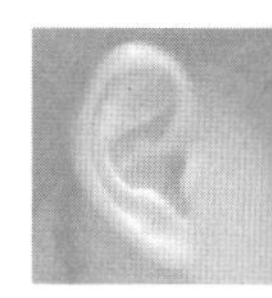

的團契。你們可以想像到當時的混亂情況，我們所有人，所有知道耶穌的教訓的人，都要作教導人的，去教導那些初信的人。

我們的生命都從那天開始就活在聖靈裏面，耶穌與我們一起，正如他昔日在伯大尼這房間裏與我們同坐一樣。不久之後，我便開始見到那些異象。

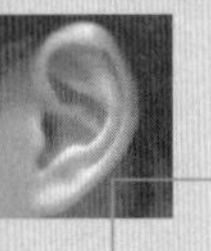

個人思考問題

細心閱讀聖經中有關瑪利亞的經文(路十38～42；約十一1～44，十二1～8；太二十六6～13)。然後從你個人的經歷裏，從經文中、當時的背景，以及從第三章所提到有關瑪利亞的故事中，思考以下的問題。如果你把答案記下來的話，或者對你會有幫助。

1. 在路加福音第十章，瑪利亞很不尋常地拒絕做一些別人認為她作為一個女人所應該做的事。你想她是因為甚麼原因能夠堅拒站起身，去為工作而忙碌呢？你認為她這個優點是一種與生俱來的性格特徵，一種她在後天長成的東西，還是她在基督裏長成的一個新增的優點？是以上所有提到的因由，還是另有原因呢？我們所擁有的長處有多少是從以上所提到的這幾個方面而來的？

2. 耶穌曾對瑪利亞的姐姐說：「瑪利亞已選擇那上好的福分，是不能奪去的。」假如耶穌也要評價你，好像他評價瑪利亞一樣，他會怎樣評價你所作出的抉擇呢？你所首選的那些東西會得到他的讚許嗎？他會否說，你的首選有點雜？還是，他會認為你所選擇的東西好像他評價馬大的選擇一樣，只會叫你忙亂呢？

3. 在路加福音十章，瑪利亞所表現出來的倔強是一個很極端的反文化表現；在福音書其他提到瑪利亞的部分，

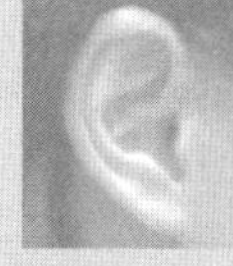

她也有這種堅毅的表現嗎(參約十一、十二章)？

4. 當耶穌聽見拉撒路病了，聖經說他愛拉撒路如同愛他的兩個姐姐；所以，他沒有急著要去幫忙她們。我常常想，有他這樣的朋友……

a. 你過往曾否試過(請回顧一下)等待一些會叫你有領悟重大道理的時刻來臨？

b. 當瑪利亞希望耶穌會來，叫她那死了的兄弟復活，但他又遲遲未到的時候，這次經歷對瑪利亞的信仰生命有著甚麼意義？

5. 在約翰福音十二章及馬太福音二十六章兩段相對應的經文中，瑪利亞所作的事似乎是很不合宜的情緒化表現，而且有與耶穌基督過從甚密之嫌。那個情景不但看上去好像很尷尬，而且有人會對此有微言。你曾否因自己一時隨心所欲的行為而被別人批評呢？有沒有一些時候你雖然沒有作出這種一時為情之所致的行為，但其實你是很想有此一舉呢？

6. 耶穌說(參太二十六13)：「普天之下，無論在甚麼地方傳這福音，也要述說這女人所行的，作個記念。」耶穌的反應似乎對瑪利亞有點過獎，她不過是膏他而已。你如何理解耶穌對瑪利亞這個舉動的反應，那是一個有力的回應嗎？

7. 在使徒行傳二章，我們知道有關五旬節和聖靈降臨的事。看來，聖靈降臨為當日那些初信的人改變了一切。你曾否有過經歷神的經驗：雖然與瑪利亞所經歷的不一樣（假設來說），但是這個經驗對你來說，是一次經歷神臨在的經驗呢？

小組討論問題

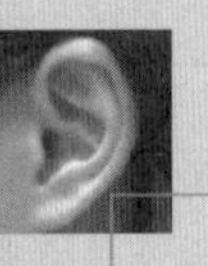

1. 你覺得自己有哪些壓力？例如表現要達到社會上的一定標準，做一個好女人、好媽媽、好基督徒等等？這些東西從瑪利亞那個時代開始到現在有否改變過？

2. 看見瑪利亞堅決地違抗社會壓力，不在廚房幫忙姐姐做家務，做那些人覺得「不婦道」的事情，例如聽拉比解經，在大庭廣眾流露出自己的感情，她是怎樣做出這樣的事來的？分享你在個人思考問題第1題的答案，瑪利亞是否本來就是這一類人，還是在其中有別的一些事情發生了，致令她有這些舉動呢？

3. 很多時候，人在艱苦中會成長得最多，例如在失去一些東西的時候，和在等待的時候，人會最有長進。引用你在個人思考問題第4題的答案，思想一下這個情況如何真實地套用在瑪利亞身上，以及在你自己身上。

4. 瑪利亞所做的舉動有甚麼了不起？為甚麼耶穌說普天之下，無論在甚麼地方傳這福音，也要述說這女人所行的，作個記念？分享一下你在個人思考問題第6題的答案。作為新禧年的女性，有沒有甚麼途徑是我們可以一同參與，向人述說這個「作個記念」的故事？

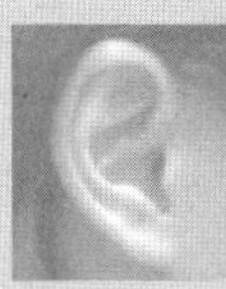

5. 教會在五旬節後有很大的改變，而信徒天天經歷到神的靈是實在的。

   a. 如果你願意說出來的話，分享一次你感覺到神臨在的經歷（個人思考問題第7題）。

   b. 將瑪利亞經歷聖靈的故事（本書第三章）和你自己的經歷一併來思想。它們相似嗎？還是有「你的是現在的經歷」與「她的是過去的經歷」之分呢？

   c. 你如何能夠更開放自己，去接受聖靈進入你的生命裏？

第四章

耶穌的母親馬利亞

光線轉到我們在著色玻璃、藝術作品以及通俗的物品中看見的一張臉，她就是耶穌的母親馬利亞。「我們得著何等的特權，得以與神同工。」她說，環視圍著桌子而坐的婦女。

當光照在馬利亞臉上的時候，我在想，這個掙扎著去跟隨耶穌的女人，曾經在五旬節那天與其他門徒一同等候聖靈降臨。但是，假如她看到自己在藝術品中，和在教條中如何被人修改，看到自己的形像被扭曲，並且用來壓迫女性的時候，她會有多憤慨呢？我認為，她會情願接受復原派教會所對待她那般，被人們所埋葬和忘記。

我相信耶穌的母親馬利亞要教導我們關於與神同工的功課有很多，與神同工就是對神說「我願聽從」。不過，在我們還未正式開始尋找她之前，我們必須先在那些有關於她的神話中，挖開重重覆土，認識她的真面貌。

失去蹤影

聖經記載到有關馬利亞的經文很少（參考資料頁146）。事實上，天主教那些與馬利亞有關的主要教條，與我們在聖經所見到的全無關係（並且是截然相反又具有爭議性）。天主教所頒佈的四大教義，即卒世童貞（童女生子）、聖母榮召升天、聖母始孕無玷（無染原罪）、天主之母。單是其中一條所指的聖經經文出處就已經是很含糊不清，更何況是有四條之多。這些教條並沒有告訴我們關於馬利亞的事，但它們告訴我們關於教會的用心可謂不計其數。

天主教雖然確認馬利亞在懷有耶穌時候的童女身分，但是，我要質疑的是它那種又誇大又強調馬利亞童女身分的做法。教會在處理馬利亞的時候，過分地將她變成一個處女的象徵，而不把她看待為一個對神說我願聽從的有血有肉的女人。不管在事實上，連學者都不能肯定在舊約中「必有童女懷孕生子」（賽七14）的一節經文所指的童女是一個從未有過性交的人，還是單單指一個年青的女子，馬利亞的處女身分已成為了一個教父要處理的重要問題。然而，高舉處女的貞潔完全不是猶太文化所源有的。在馬利亞（和耶穌）所生活的猶太文化背景中，不育的婦女、寡婦或沒有結婚的女性都是受咒詛的象徵，而不是一件甚麼值得稱讚的事（參考資料頁148～149）。

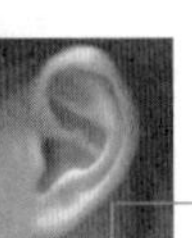

路加和馬太的觀點較為接近猶太人的想法。他們兩個不單沒有強調馬利亞的處女身分，而且還表示馬利亞與約瑟完婚並建立起家庭，同時亦提到他們是有其他兒女的。但是教會仍然堅持教條所說的，說馬利亞在生產後仍然是一個處女。她不單被除去性的特徵，而且得蒙神的允准永遠不會失去她的處女身分，甚至她懷著耶穌的時候也沒有失去這個身分。（有一個時期，教父在沒有充分的認識和理據之下，作出推測說，在聖經中所提到的耶穌的兄弟，所指的一定是約瑟與前妻所生的子女。到耶柔米 (Jerome) 時期，約瑟甚至被宣稱為一個童男，因此，他乃是一個真正的聖人。)

雖然在羅馬文化中，並不是沒有童女生子的觀念(一般上是表示該女子有一種神性的身分)，但是那些內容圍繞著童貞女馬利亞的神話故事卻是獨一無二的。這些神話故事被利用來作為一種宣傳的手段，以支持教會問題日益嚴重的禁欲主義。教會所秉行的與不少次經結合起來(其中最具影響力的要算是《雅各書卷》[*The Book of James*])，此書將馬利亞塑造成為一個稻草假人。

在這本《雅各書卷》中，約亞希姆 (Joachim) 是一個很善良和仁慈的人。他與品德高潔的亞拿 (Anna) 成親後，二人因為不育而一直沒有兒女。結果，約亞希姆走到曠野去禱告，而亞拿則留在家裏。有天使分別向他們二人顯現，對他們說，他們的禱告已蒙垂聽。後來，馬利亞就給生了下來。

亞拿將馬利亞獻給了聖殿。馬利亞的童年是一個充滿傳奇的童年，例如，她在六個月大的時候，就走了七步路。馬利亞在三歲的時候被帶到聖殿，並一直在聖所事奉了十年之久。(當然，除了她，就從來沒有一個女性可以獲准能那麼接近至聖所。)後來，大祭司關注到馬利亞會污穢聖所的問題(他推測馬利亞會隨時開始有月經)。於是，他召集當地所有寡婦，使她們爭相執著馬利亞的手，她們各人手執一支桿，以防馬利亞以不潔的手觸摸聖物。這時，約瑟突然闖入並表明心迹，表示他要成為馬利亞的丈夫。由於約瑟在當時已年屆花甲，所以他願意保存馬利亞的貞潔，承諾不會玷污她。

由於馬利亞在神面前是沒有玷污的，她就能夠為聖殿織一幅聖幔子。而當她發覺自己懷有身孕的時候，她和約瑟就進行了一次測試(方法按民數記所記載的一樣)，飲下苦水，結果顯示他們都是貞潔的。

馬利亞臨盆時是跪著把耶穌生下來的。有一個叫撒羅米的女人，因為懷疑馬利亞能否在生產後仍然保持處女的身分而要替馬利亞做一次檢查。但在進行檢查的時候，她的手無緣無故地被燙傷了，使得她尖叫起來，這是因為她欠缺信心所致。後來，撒羅米懇求恕罪，並且因著懷抱嬰孩耶穌而得到了醫治。

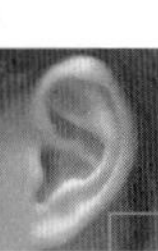

關於馬利亞的處女問題和天使預告耶穌的誕生這兩件事，不單充滿了神話色彩，而且，由於加上人對聖靈性別的理解有所轉變，以及後來才發展出來的人類成胎過程等觀念，致令這兩件事變得愈加複雜。曾有學者認為，聖靈的身分是由女性轉變成為男性的。因為神的靈(*Shekinah*；神的榮耀)一詞在希伯來語中，本來是一個女性詞；而在希臘文則是一個中性詞(*pneuma*；神性火花)，與希臘語智慧一詞(*sophia*)同義；它在敍利亞語，亦屬女性詞；但在拉丁文中，它就成為了一個通用語(*lingua franca*)，而最後就成為了一個男性詞(*spiritus sanctus*；神性的生命)。一個社會對聖靈性別的理解，會影響到這個社會如何理解天使預告耶穌誕生時所發生的事。

除了這種複雜的人類成胎過程觀念的轉變之外，特土良(Tertullian)受斯多亞派(Stoics)的影響，他相信人

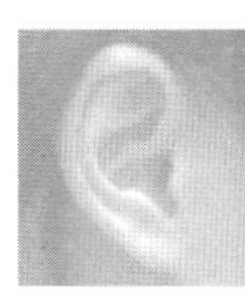

的精子本身就已擁有一個全人的特徵。這個觀念在藝術作品中十分顯而易見。在這些作品中，馬利亞被畫成為一個焙製麵包的「烤箱」，而(男性的)聖靈就把耶穌放在她裏面。

亞里士多德(Aristotle)認為，在人類的成胎過程中，女人所提供的是一些低等的物質(存在她的經血裏)，這些物質要透過男性的精子才能夠賦以高等的生命(即靈魂和動力)。後來，阿奎那根據亞里士多德在生物學上的推論，認為女人是一個育嬰箱，或者是一個神聖生命的輸血點滴器。基於人這個對人類生育過程的理解，天使預告耶穌誕生所指的事就成為在創世記所記載的創造一樣。在創造中，神的靈將生命吹入塵土中，使它成為一個有氣的活靈。由此看來，女人是因為與物質、肉體和肉欲有關連而受到鄙視的。

按希臘人對人的理解，女人是屬肉體的，是低等人。在猶太教裏面，女人的主要角色則是幫助男人履行他們在約書上的責任，但他們同時認為，女人是污穢物的主要危險來源。女人不能參與每日的祈禱和進行宗教活動，但她們卻要嚴守律法，行潔淨之禮，包括經期潔淨。如有干犯者，相信是會在生產的時候猝死的。

當基督教信仰還在發展初期，這些對待婦女的態度早已經滲入教會之內，並將教會推展到高舉處女貞潔的地步。女人與肉體相通，引致人類的墮落，她們是撒但的同犯，並且是令到男人一同墮落的人。夏娃受到咒詛而要生產孩子，她的肉體更玷污了男人。依據教會教父的講法，這就是女人。奧古斯汀寫過，女性在生產時的糞便和尿液，以及月經，使到她們好像動物一樣。聖克里索斯托(St. John Chrysostom)警告說：「她美麗的胴體本來就是痰液、血液、膽汁、黏膜的分泌物和消化物的汁液。」在當時，人對女性身體和經血的厭惡非但是一個經典，而且這個觀念更被借用為一種宣傳手法。韋娜(Warner)說：「我們看見教會把焦點由童女生子轉移到處女貞潔上，由宗教象徵轉移到道德教條上。」由此我們可以清楚看見教會是如何推銷馬利亞的。教會把馬利亞製成一個用來推銷禁欲主義和征服女性的工具。打從奧古斯汀的時候開始，性的罪性、童女生子和處女貞潔三者已是不可分割的東西。

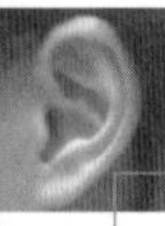

因為女人與肉體是連在一起的，所以她們是與性有關的，故之然也是與罪有關的。撒但更被描繪成以一個女性形像出現的魔鬼(不妨看看，例如在西斯廷教堂的圖畫)，而且，人類的墮落是因性罪惡而來的。因為沒有墮落，就不會有死亡和性。聖克里索斯托說，墮落是導致婚姻出現的原因：「因為，在何處有死亡，何處就有性的結合；何處沒有死亡，何處也沒有性的結合。」然而，其他神學家，例如奧古斯汀和阿奎那則不予贊同，他們最少也不贊同會有人懷疑說，到底亞當和夏娃是否有行房的說法。奧古斯汀和阿奎那辯稱，如果亞當和夏娃沒有行房，神就毋須創造女人，因為以作為一個伙伴來說，男人明顯會比女人優勝。不過，他們認為，人類在墮落前的性交，並沒有受到情欲所玷污。奧古斯汀解釋，亞當和夏娃在墮落之後，遮蔽他們的生殖器，因為他們知道墮落把極為邪惡的情欲帶進了世界。

到了第四和第五世紀，教會在討論基督的本質的時候，馬利亞的處女問題成為了關鍵所在。但是，教皇馬田一世(Pope Martin)在第四次拉特蘭公會會議中(The Fourth Lateran Council)宣佈，要將馬利亞永為處女的講法列入教條之中。當時的教會認為這教條是必須的，因為如果女人是邪惡的，那麼懷著耶穌的女人必須是一個與別不同的女人。這樣，永遠是處女的馬利亞就成為了第二個夏娃，而這第二個夏娃是將人類墮落的結果逆轉的人。

漸漸地，馬利亞變得愈來愈沒有人氣。她既不犯罪，也不會有性，更不會經歷生產之苦，而且過了一些日子，她也不准去哺乳。然而，這種痛苦只有她自己一個人可以感受得到，她哭了。(在黑死病肆虐時期，耶穌被視為一個審判者；而惟有馬利亞才會知道痛失兒子的滋味。她因此成為了一個可以讓人帶著憂傷去到她那裏訴苦的人。)

不久，人對馬利亞永遠是處女身分的講法仍嫌有不足之處，她還需要未受原罪所玷污。有關原罪的教條(所有關於這方面的教條都染有罪的色彩，和傾向於與罪有關)指出，教會相信，產婦因為過往的性行為而將原罪的咒詛傳給她們的嬰兒。雖然聖母始孕無玷(無染原罪)的講法要到一八五四年才成為教會的教條之一，但它實質上在這個時期之前已經醞釀了好一段時間。馬利亞被塑造成為一個始孕無玷的人，所以她是人類惟一一個沒有原罪的人。神在創世之初，已揀選了她成為一個愛女，放在她母親亞拿的腹中。

雖然聖經沒有提到馬利亞的死，但性和死亡因著人對馬利亞（以及德行）的理解而緊密地結連在一起。有人開始辯論，她的死不可能是與常人一樣。繼聖母始孕無玷（無染原罪）被列入教條之後，在一九五四年，馬利亞升天之說亦被列入教條之內。由於馬利亞不讓自己的身體被性事所污穢，她因而獲得了獎賞，得到了最高層的聖潔，就是聖母榮召升天。

馬利亞升天而成為天國的皇后，與在啟示錄杜撰出來的人物纏結在一起。例如，她與新耶路撒冷，即被打扮成一個新婦的教會纏在一起。貴為天國皇后的馬利亞便順理成章地成為一個女神。但不知怎的，她同樣也是基督的新婦，也是那些進入教會的修道士和牧師的愛侶。

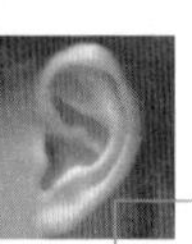

中世紀的行吟詩人依照典雅愛情（courtly love）的慣例，唱誦一些充滿聖潔激情的詩歌，向一個可望而不可即的貴婦發出愛的誓言。但是，這種典雅愛情所開的情花是永不會有結果之日的，因為純潔是那使愛情成聖的熱火的一部分。後人把這種行吟詩人的愛情變成一種對天國童貞女皇后馬利亞的愛情，這位天國皇后被稱為我等之淑女（Notre Dame）。而武士則得到了鼓勵，將自己全部純潔而火熱的愛情盡獻給馬利亞。

馬利亞同時也擁有謙卑順服的美德，她對天使說：「情願照你的話成就在我身上。」（路一38）雖然耶穌和馬利亞都擁有謙卑和溫柔這兩種基督徒的德行，謙卑和溫柔卻多數被視為女性所擁有的美德。這種情況在大部分天主教國家尤為常見。在這些國家，大男子氣概是男性的腹地；而女性是服從、內向的，她們並且會因為有馬利亞般的良善而受到讚賞。由於謙卑和馴服與馬利亞連繫在一起，人就要求女人都要有這些品德。教會和所有粗暴的丈夫因女性這個馴服和犧牲的典範而得益不淺。只有當你是一個處女和一個母親(而且是沒有被原罪所玷污，更不用說是由灰泥造成的)，你才可能合乎要求，可以在天主教或東正教的教堂裏，坐在聖壇前面(參考資料頁148～149)。

馬利亞是一個剛強的女人，她選擇了在個人和屬靈兩方面都得到成長。但馬利亞已經失去了蹤影，她被天主教教會提升到一個高不可攀的教條位置上。

然而，她在復原派教會中也同樣消失了。十六世紀的改教者認為，信徒尊敬馬利亞、敬重她是對的；但他們在大聲反對人向馬利亞祈求，而不向耶穌祈求的時候，卻毫不顧慮到後果。他們拒絕接受教會傳統所認為的，硬說馬利亞在聖經中的出現並不具體；但然後呢，就變本加厲地對膜拜馬利亞的做法大加反對，最後把她忽略了。他們把這個模範和導師移走，不讓我們看見她。

不論我們是復原派教會、天主教，或根本不是一個基督徒也好，馬利亞的畫像和雕塑——順服和嫻靜、溫柔地淌淚、在一個天使面前屈膝、凝望她死去的兒子——都深深印在我們的腦海中。

我們可以把馬利亞這個被動的形像調換過來嗎？我們要將馬利亞想像為一個人，而不是永遠的處女。她並且是一個不斷尋求神的人，經歷過所有女性所經歷過的掙扎、痛苦和困擾。而有說話要教導我們的就是這個馬利亞。

被尋回來

馬利亞，你絲毫沒有改變，你和我們都是一樣的人。從你孤單的雕像那裏走下來，與我們坐在一起，因為你是咱們的人。耶穌自己說，你並非只因你的雙乳和你所懷的胎而受到敬重，你受敬重乃是因為你是耶穌的跟隨者。馬利亞，你與我們面對著同一樣的掙扎，就是要一生不斷地邁向成長。你不單走在十字架之下，你也在耶穌死而復活之後，在樓上等候所應許的聖靈來到。你知道甚麼叫做一個積極與神同工的人。

神為甚麼揀選了你呢？神一定是因為見到一個完全愛神的女人，而且是一個剛強，就是能夠成長起來，並且敞開心懷，面對著冒險的一生的女人。

馬利亞，你在歷世歷代以來聽過無數個迎著你飄來的禱告，請你來聽聽這一個：請你向我們說話，告訴我們你在兒子死後的生活是怎樣的。很多神話故事都說你每過一天就重複一次的死於悲傷，你天天都重溫他被釘十字架的痛苦。但是，我想，你是把所聽見的道都牢記於心，並再一次懷著這些話講給世上更多的人聽。馬利亞，把你的話說出來吧！

我很高興可以坐在這桌子前。良久以前，神已經教導我要珍惜他放在我生命中的每一位女性。當天使第一次向我顯現，囑咐我要將耶穌帶到世上來的時候……即使在當時，我還未開口回答天使的話時，我已經聽到了以利沙伯懷孕的消息。我的姊妹呀，神比我們更清楚知道，如果我們要跟隨神的呼召，我們需要別人的鼓勵和支持。因為這並不是我們靠自己可以辦得到的。這是一份何等奇妙的禮物，能與一個也懷有孩子的人分享，她與我一樣因懷孕而心存喜樂與敬畏。神藉以利沙伯向我說話，聲音與他藉天使向我說的話同樣清晰。

在約瑟死後，我容讓自己再次倚靠我的姊妹過活，特別是我們從加利利出發上耶路撒冷與耶穌一起的最後一個星期，我都是與她們在一起的。他死的惡耗仍縈繞著我的心頭。不過，我已經開始明白，得到你們的幫助，我可以忍受任何事，也可以做任何事。所以，我在這個新建立的羣體中，我一直繼續作勸慰、教導和牧養的工作。

我的姊妹，我在你們中間明白了甚麼叫做被愛。這正如耶穌不會容讓我躲起來，不會讓我只做一個懷胎、奶孩子的母親一樣。我的姊妹啊，你們也永不會只因著我是他的母親而愛護我。我不能說，我抱著他或乳養他的那些年日，就是我生命中的頂峯。得著你們的激勵，我不斷繼續去成長和學習，做一個愛人和跟隨神的人。

耶穌蔑視我們帶著期望地把人放進一個個細小的包裹裏，雖然我們自己是這樣容讓別人對我們作出這樣的要求，來使自己成為一個受人崇拜的對象。但我要遠離這種事。我現在明白他智慧的話語，他要我們明白，我們這些跟隨他的人其實都是一樣的人，是無分彼此的。

我的姊妹呀，我和你們一樣，我是被召的，因著我所有的學習，我被召來向你們說話。我在幼年時候開始，已經養成一個遇事反復思量的習慣，我將所有發生過的事情，好像將餅反轉過來一般，把事情重新思考一次，把它搓揉一番，再等它發起來。

我掙扎著這樣做的時間，已有很多年了。在那些日子，我讓恐懼倏然臨到。我並不是在深思；反之，我是要逃脱自己的思想。每當我想到我的兒子、我的生命、我所作的抉擇的時候，我的心都感到很冰冷。恐懼……會窒息人的成長。你所能夠做到的，是在你的心裏築起一堵小圍牆。我這樣做了，為的是堵著那些驚恐的年日。

我不斷把我的思緒收藏起來，藏在我內心的堡壘深處。在他死前，當我接受了他所賜的生命和呼召的時候，我就在當時重新去認識他的生命。我看到我們所有人都是被召以致成長起來的。耶穌是這樣，我是這樣，現在我們所有人都是這樣。當我們長大，我們會找到自己的方法，去作一個歸屬神、服事神和跟隨他的人。對我來説，所賜下的聖靈將這個信息深深的藏於我的心內。

我們每時每刻都與神同行，也與聖靈同行。我們在聖靈裏起牀，在聖靈裏睡覺，在聖靈裏説話。因為這對我們所有人來説，是一種披戴神的生命。現在，神在我們裏面，是比親密更加親密。因此，我們可以信靠他。

當那天我回答天使的話説我願聽從的時候，我是對神説，我願意，我不是對發生在我身上的事説我願意。我不是被動地接受神的旨意，我是説我願意去起舞。我不肯定我是否真的明白……但我的生命打從那天開始，就與神一起共舞。

我們所有人的生命都是那樣子的：一個與神共舞的生命。你們都知道，當婚禮的舞曲奏起，每個人都會找到他們的位置，並且開始舞動。神就是這樣的。所有可以行走的人都會被引導去起舞。正如我從前與神共處一樣——神長大，神被生下來，神弄髒我房子的地，神與我説話，我與神説話。神拉遠、神走近，神呼召我所去作的，比我想像自己能做到的更多。這對我以及我的一生來説，都是真實的；這對所有揀選與神起舞的人來説，也是真實的。神與我教學相長。

你們大概都已聽過在迦拿婚宴那天，我催促耶穌的那件事。當時，我覺得那是開始起跳一隻新舞步的時候。我迅即因著婚宴的歡樂而感到興奮起來，我坐下來的時候，覺察到自己很是心滿意足。我希望那隻舞會依舊繼續下去，就好像我昔日看著耶穌在拿撒勒的木匠店工作、讀書、默想和成長一樣，那時，這一切看在我的眼裏都是愛。那天，我看著他在房間內穿梭，與朋友們交談，我盡情地望著他，感到很滿足……正當我望著他的時候，我的表親來找我，她低著頭告訴我他們沒有酒了。我隨即知道，這對耶穌來説，並對我來説，很快有新的舞步要開始了。

於是，我走到他那裏告訴他，他用奇異的目光望著我，彷彿他正在想起一些久已遺忘的事情那般。「婦人」他這樣稱呼我……他看來很興奮，又有點害怕，他好像一個快要生產的婦人那般，既害怕痛楚但又為新生的嬰孩而感到興奮，而又為著未來感到不知所措。我便轉身對那些僕人説：「他告訴你們甚麼，你們就照著他的話做好了。」

我再次坐下來，全身好像被破裂而開一樣。我到底做了些甚麼事呢？西緬的預言如刀割入我的心。但是，已經沒有回頭路可走了，拿撒勒的平靜生活已經成為過去。那生命之舞已經起了變化，萬事都已經改變了。

這事以後，我很納悶，想著那天自己為甚麼要催逼他……不過，後來我明白這是必須的，因為神所作的事就是這樣。我們不是被造成一個被動的旁觀者，我們乃是全然、深深地成為一個與別人彼此激勵，作成神的工作的人。那一刻在迦拿，我作出了催促，耶穌作出了行動，僕人則注滿了水。這是一隻新編的舞蹈，而且舞步要比我們先前所跳的更為狂熱。

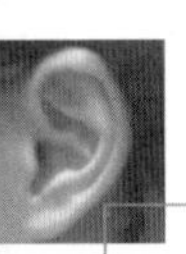

在一、兩個星期前，我在家庭聚會裏聽到有人講過一件關於耶穌的事，是我從來沒有聽過的。他說，有一個女人曾經在推羅附近開始跟著耶穌，求他趕出附在她女兒身上的鬼。但那些門徒感到那女人很厭煩，就求耶穌吩咐她離開。耶穌對那個女人說，他不能為她的女兒趕鬼，因為他是奉差派去神的選民那裏的。那婦人回答說：「但是狗也吃它主人桌子掉下來的碎渣兒。」她催逼他，他就回應了，而且她的女兒也得了醫治。從那刻開始，那隻舞蹈跳動的範圍已經擴大了。或者，這是因為那婦人的緣故，耶穌才可以佇足，並接納索亞耳和她村裏的人來一起共舞。

神在我懷胎的時候賜給我的歌，對我來說愈來愈有意思，因為那首歌是一首述說神是怎樣的一位神的歌。我從小就被哈拿的歌困著，她的歌也給了我靈感。我要如何回應神這樣的呼召呢？如果我照哈拿所做的一樣，

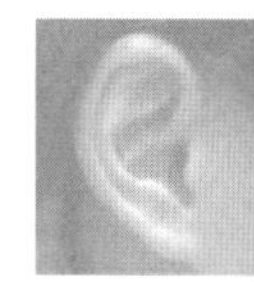

把我頭生的兒子奉獻給神，使他作神的工，那將會是怎樣的呢？那天我和以利沙伯一起的時候，那首歌從我心裏湧溢出來，哈拿的歌已經成為我的歌：

我的心哪，你要歌唱，
歌頌神的聖潔：
他喜悅一個女子，
高舉貧窮的人，
使飢餓的人得以飽足，
他使默然無聲的人開口說話，
又使欺壓人的降卑，
給那些飽腹的人空虛的肚腹，
給未曾流淚的人滿眶淚水；
他記念我們在胎中的黑暗，
要住在我們肉身之中。
我的心哪，你要歌唱，
唱出你渴想神之歌。

我喜愛教導在這個新建立的羣體中的人唱我的歌，因為這是一首關於神是誰和神是如何作工的歌。

個人思考問題

閱讀幾段在聖經中有關馬利亞的經文(路一26～56，二1～52，八19～21，十一27～28；約二1～12，十九25～27；徒一14)。然後從你個人的經歷裏、從經文中、當時的背景，以及從第四章所提到有關馬利亞的故事，思考以下的問題。如果你把答案記下來的話，或者對你會有幫助。

1. 你是如何「接受」由歷史和神話所表達出來的那個耶穌的母親的形像的？那個形像如何影響你對她的理解呢？

2. 作為女性，我們在很早以前就已經有一個感覺，覺得童貞女馬利亞回答天使的話，是一種被動的講法，說「悉隨尊意」，又或者是一個謙卑的說法，說「先生，照你的意思行吧。」你會如何表達馬利亞在路加福音一章38節所說的話，令她在這節經文所講的話，更加給予人一種她是主動與神同工的感覺？

3. 當神挑戰馬利亞、呼召她的時候，馬利亞同樣需要得到支持。天使加百列宣告完那天外來音之後(路一35)，加上一句聽起來似是聊天的話(路一36)。這句話對馬利亞來說卻是非常重要的，他是叫馬利亞去以利沙伯那裏得一點鼓勵。誰是你的「以利沙伯」，在跟隨神的時候，能與你有類似的掙扎，而且能夠鼓勵你，向你道出真理的人？

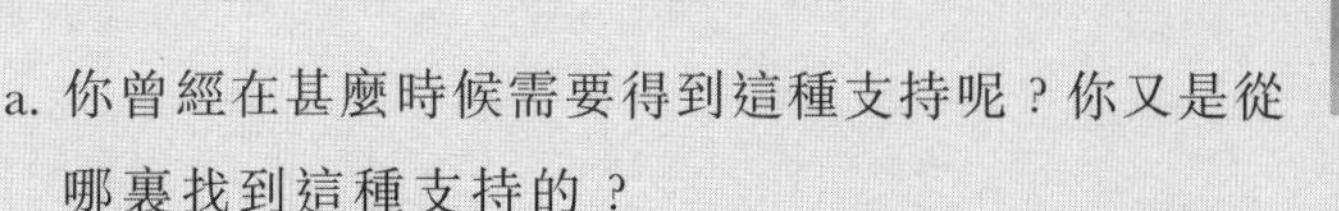

a. 你曾經在甚麼時候需要得到這種支持呢？你又是從哪裏找到這種支持的？

b. 在你現時的生命中，有甚麼地方是需要別人的支持呢？

4. 馬利亞的頌歌最吸引你的地方是甚麼呢(路一46～55)？試用你自己的說話，寫出《尊主頌》。

5. 我們作門徒會遇到的其中一個最大的挑戰是陷入僵化的光景中。我們可能不再感到神對我們的愛；可能感到自己是無屬無分於基督徒的羣體；我們可能被很多東西分散了注意力；又或者，我們將錯誤的東西放為首要，使我們陷在其中，停止成長。我相信最能讓我們在其生命中清楚看見這個挑戰的其中一個例子就是耶穌的母親馬利亞。

a. 我們很多人都曾經樂於做一個馬利亞，可以像她那樣，很安然地生活，然後，又有能力去多做一點事，就像她在迦拿婚宴的時候一樣。在你的生命中，有哪些地方可曾像這個時候的馬利亞？

6. 馬利亞相比我們很多人來說，一定會更加容易感到自己的角色是一個母親，但是耶穌卻不容許她停留在那個地步(路八19～21，十一27～28)。有沒有一些角色是你一直以為就是自己要擔當的角色，而你是陷在其中的？你如何能從這些角色走出來呢？

小組討論問題

1. 從你們早年接受的宗教教育、對藝術的認識等等，談談你們對耶穌的母親馬利亞的印象。有甚麼關於她的東西是給你們這個小組的印象最深刻的呢？

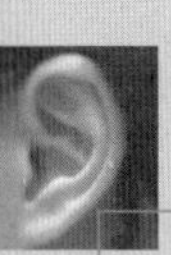

2. 馬利亞在路加福音一章的回應，是否可以由一個如受害者般被動地說「好的」那樣任人差使地作出回應，改為一個與神同工的講法呢？這樣的回應是否一個一廂情願的想法？她當時可以說不嗎？分享你在個人思考問題第2題的答案。

3. 在我們當中，有很多人在成長的時候所接受的一套家教都是要他做一個獨立的人，不需要別人的幫忙。但是，路加提到馬利亞去探望以利沙伯，點出了得到別人支持是必須的。特別當我們打算進行一些有冒險性的新計劃的時候。

   a. 與你的組員分享一下你曾經遇到的一次經驗，那次正當你需要支持而有人正好可以幫忙。

   b. 分享一下在你現在的生命裏，有哪些地方是你正需要尋找那樣的支持的。誰是你的「以利沙伯」？你

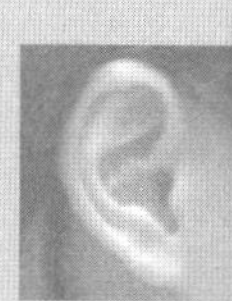

有甚麼計劃正打算要做？

4. 分享你在個人思考問題第6題的答案。有哪些角色是你一直努力在扮演，但結果發覺自己困在其中的？

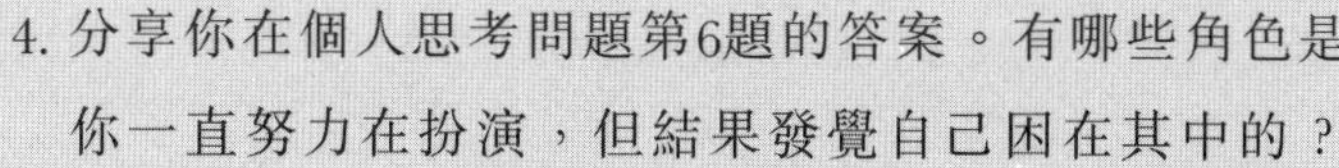

a. 照顧兒女是一件很愉快的事情，但很多時候它卻會成為你「生活的最終目標」，這就是當耶穌在路加福音十一章27至28節說「不」之前，那個女人所講的話。從這段經文和以下幾段福音書的經文所記載，耶穌曾經被人批評為一個不理家的忤逆兒。(例如：太十37～38和十二46～49；可三31～35；路八19～21和十四26)。我們如何解釋耶穌在這裏所表現的激進立場？這個情況如何應用在我們今日自己的光景中？為甚麼會這樣的呢？

5. 那個站在雕像臺座上的耶穌的母親馬利亞，給人一種不易親近的感覺。作為女人，我們可以怎樣重新把她看為一個學效的榜樣，我們可以做甚麼，糾正自己對這個人物的錯誤觀念呢？

第五章

約亞拿

約亞拿坐在抹大拉的馬利亞旁邊，移動了一下身體說：「我們都是一無牽掛地跟隨主。我還記得他曾說：『手扶著犁往後看的，不配進神的國。』因為我們是跟隨耶穌的人，所以耶路撒冷、舒適的生活……都算不得甚麼，而且一切都是新的了。」

在新約聖經裏，約亞拿的名字只出現過兩次。路加形容她是一個以自己的財物供應耶穌，以及在復活日去墳墓的人。這表示她是福音書上所記載的其中一個籍籍無名的「從加利利上來的女人」，耶穌在世的時候跟隨他，並在他離世的時候與他在一起(參考資料頁149)。

既然聖經資料是那麼不足，約亞拿若因此而失了蹤影，那又有甚麼出奇呢？只不過，以個人名字在聖經出現的人物不多，他們出現的時候都是有姓無名的，撒該(Zacchaeus)和巴底買(Bartimaeus)就是其中一例。

失去蹤影

我想，約亞拿是因受到困擾而失蹤的。她受到很多我們所看重的觀念所衝擊。不過，她所面對的挑戰是我也寧願避開的。以她的才智和經驗，約亞拿應該是一個有能力抓住信仰重心所在的人。

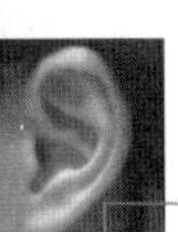

路加告訴我們，約亞拿是希律的家宰苦撒的妻子，她在加利利跟隨耶穌，並且供應他所需用的。有學者相信，在那些婦女中(甚或在跟隨耶穌的人當中)，約亞拿要算是最有教養和最有學識的一個。由於她住在希律家，她會是一個精通希臘話和亞蘭話，而且習慣過著那種複雜的宮廷生活的人；她慣於周旋在繽紛的宮廷派對、政治的勾心鬥角，以及紳士名流之間。

約亞拿所放棄的宮廷是眾所周知的頹廢地方，她要跟隨耶穌。我們不清楚希羅底的女兒出來跳舞的時候，約亞拿是否也在場。但我們所清楚知道的是，希律對希羅底女兒的舞姿大為所「動」而將施洗約翰的頭顱放在盤子上送了給她。不過，在約亞拿遇見耶穌之前，希律家的荒淫無道和道德敗壞已經是她所見的平凡事。所以，約亞拿對希律娶了他兄弟的妻子一事該已是見慣不怪，只是施洗約翰因聲言反對此事，而招致希律的冷待而已。

從來沒有人說約亞拿是一個寡婦，也沒有任何記錄提到苦撒的死。但按當時的文化，一個女人結了婚而沒有兒女是一件十分不尋常的事。有學者因此相信，約亞拿大有可能是離開她的丈夫和家庭去跟隨耶穌的。

馬丁路德(Martin Luther)在他所寫的偉大聖詩《神為其民堅固堡壘》(*A Mighty Fortress is Our God*)勉勵基督徒要「財產家人任其失去，／必死生命也不眷念。」這些約亞拿都已經做到了。不過，我們對她堅決離開家庭的做法，難免也會感到詫異。我們知道，我們是不會真的期望有人會這樣做。或者，那些男性門徒是這樣做的，但一個女子這樣做又會怎樣呢？約亞拿卻聽從了耶穌的話，並依照他所吩咐的一概照辦，放棄她的所有來跟隨耶穌。

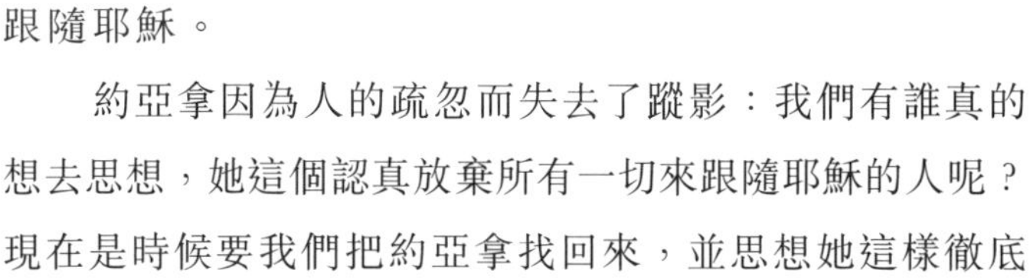

約亞拿因為人的疏忽而失去了蹤影：我們有誰真的想去思想，她這個認真放棄所有一切來跟隨耶穌的人呢？現在是時候要我們把約亞拿找回來，並思想她這樣徹底作門徒的做法，對我們今日這些門徒有何意義。

以約亞拿的教育水平和背景，而且通曉希臘和亞蘭兩種語文來看，她在初代教會中，極有可能是一個能夠在希伯來人和希臘人這兩個羣體中間出入自如的人。以她對政治的見識，亦可能預料得到在初代教會中所會出現的種種衝突。

約亞拿親身經驗過福音的激進本質，相信她必會滿腔熱誠地感覺到這非凡的福音不應就此停滯不前。她知道，這福音是要救所有相信的人，而且舊皮袋已經不合用。

由於對約亞拿來說，很多威脅著初代教會的問題都是很重要的，所以，我們在開始尋找這位奇女子之先，需要先看一看，這些問題到底是甚麼。

故事背景

我們中間有很多人會以為初代教會是一個基督徒落實所信之道的時期，認為對初信的人來說，所有東西都必定已經講得很清楚明確。他們凡物公用，有很長的聚會時間，他們並且著重聖靈的降臨，當時的教會是完全合一和純樸的。

但事實上，當我們讀使徒行傳的時候，就可以在字裏行間清楚看見，在教會伊始，操亞蘭語的猶太信徒(希伯來信徒)和希臘化的猶太信徒之間已經出現了分歧。一些重大的問題，例如作為一個基督徒有何意義？罪人如何可以得救呢？甚麼是基督教？基督教是一個全新的東西，還是一個從猶太教演變過來的宗教？這個衝突在整卷使徒行傳中，以及很多書信中都是十分明顯的。

由於愛筵是這個新信仰的重心部分，語言就成為了教會分裂的主要原因。在耶穌的時代，亞蘭語是猶大和加利利兩地的人所操的語言，而大多數最先跟隨耶穌的人都是說亞蘭語的。耶穌、雅各、彼得，和很多婦女的母語都是亞蘭語，希臘語則是希臘化的猶太信徒的共通語言。有學者推測，耶穌與很多起先跟隨他的人一樣，雖然講的母語不是希臘語，但最少也會講幾句。在這些人中間惟一例外的是腓利，他的母語是希臘語。(還記得在約翰福音，有希臘人來見腓利，對他說：「我們想見耶穌」嗎？)

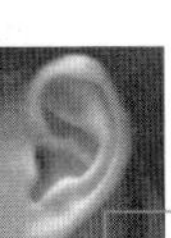

操亞蘭語的信徒(希伯來信徒)

很多講亞蘭話的信徒，不單所操的語言與人有別，他們甚至在相信耶穌之後，仍然認為他們所信的是屬於猶太教的一部分，而不是一個全新的信仰。他們認為，在耶穌復活並五旬節之後，他們那個有著基督的新生命，乃是將猶太教成全了(參考資料頁150)。

畢竟，猶太信仰曾為這羣猶太人帶來祝福。他們是神的選民，並得到神將律法賜給他們為信物。縱使跟隨

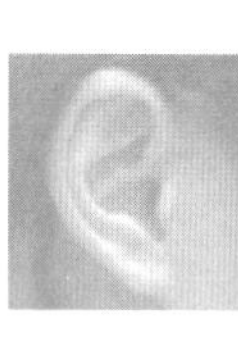

了耶穌，他們仍保留全套摩西律法，遵守割禮；他們一邊奉耶穌基督的名禱告和傳講耶穌，一邊上聖殿敬拜。他們認為自己是一個猶太人，是一個除了上聖殿敬拜之外，還得到彌賽亞和會在主日參加愛筵的猶太人。

這些在耶路撒冷的初代希伯來基督徒比耶穌還要保守，他們的保守觀念尤其表現在他們吃飯的潔淨禮上(例如他們可以與誰吃飯和可以吃甚麼等)，和其餘的律法上。有些法利賽人雖然成為了基督徒，但看上去仍然是一個「真」法利賽人。希伯來信徒是由耶穌的兄弟雅各所帶領的，而雅各是在耶穌復活後改教的。他們遵守猶太人的遺傳，很多信徒仍以當時在米示拿(Mishnah)中對婦女所作的評論來看待女性。雖然在福音書上記載到婦女是第一批見證耶穌復活的人，但在保羅得到有關耶穌復活的「耶路撒冷教會的官方教導」，即他所「領受」的教導中，仍對這事採取隻字不提的態度，就正好反映了當時確實存在這樣的教導。

雖然其他猶太人一般上都很尊重這些被稱為「信了這道」(the Way)的希伯來信徒，但這些信徒仍被視為有點不倫不類。直到大概在主後七十年，這些希伯來信徒仍舊是屬於猶太教中的一個派系。一個人是可以接受自己同時是一個以色列家的忠信成員，和一個跟隨耶穌的人。

希臘化的猶太信徒

分裂出來的另一邊是希臘化的(操希臘語的)猶太信徒(參考資料頁151)。在腓利那個時代眾多的希臘化猶太人中，腓利是一個典型的希臘化猶太信徒。他在羅馬帝國統治下耶路撒冷以外的其他地方中，一些位於城市裏的猶太社區中長大，例如安提阿和亞歷山太等。這些社區很多都有會堂，亦成為當地猶太人的聚腳點。而在五旬節那天，信徒所說的語言，就是那些在五旬節從不同的地方上耶路撒冷聚集的希臘化猶太人所說的本土語言。

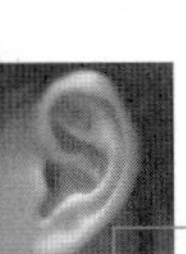

希臘化的猶太人不單以希臘語為他們的母語，他們也被視為是比較都市化的人，或者是比說亞蘭語的猶太人更為見多識廣的人。一神論的猶太教因為有其一套倫理道德標準，所以在整個羅馬帝國中是一個很具吸引力的宗教。有本身不是猶太裔的人，很多要不是改教，就是成為一個敬虔人；他們與希臘化的猶太會堂有連繫，並且會敬拜神，雖然亦有人會因割禮的問題而突然退出會堂，斷絕連繫。故此，希臘化的猶太人比他們說亞蘭語的兄弟更多與猶太教外的人接觸。

每逢猶太的重大節日，很多希臘化的猶太人都會返回耶路撒冷過節。而在第一個五旬節聽見所傳的新道並作出回應的，就是這些從外地歸來的希臘化猶太人。五旬節過後，他們就返回原來的城市，開始傳揚福音。有學者相信，到了主後四十年，已經有一個以羅馬的會堂作為根據地的基督教羣體出現，其成立時間要比在以大馬士革為根據地的基督教羣體還早了五至六年時間。

此外，亦有不少希臘化的猶太人早已遷返耶路撒冷居住。所以到了耶穌的時代，已有一大羣希臘化的猶太人聚居在耶路撒冷，他們與說亞蘭語的猶太人各自住在

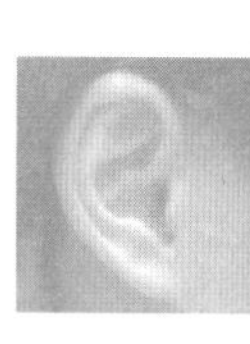

耶城不同的地方。他們中間有很多人退居在聖殿附近的地方，而另外亦有一大羣依靠宗教團體過活的寡婦(參考資料頁152)。引起初代教會的衝突的其中一個原因，看來就是這些希臘化的寡婦在成為基督徒之後，不能從聖殿領到食物而引起的。

對這些從前在羅馬帝國管治之下其他地方居住過的猶太人來說，要在耶路撒冷住下來一定是一件很困苦的事。他們住在異鄉的時候，例如安提阿或亞歷山太，他們會因自己猶太人的身分而受到排擠。很多人因此會想，假如可以住在聖城的話，他們就可以完全成為猶太民族的一分子。不過，當他們到了耶路撒冷之後，他們就發現自己被人以另一種方式所排斥。不錯，他們是猶太人，但他們的母語是希臘語，而且他們處事的觀點亦使到他們與那些希伯來猶太人格格不入。

或者，就是因為這個令人失望的原因，使到很多希臘化猶太人能抱著開放態度去接受耶穌的信息。在耶路撒冷，有數百名希臘化猶太人在第一天聽道就信了福音，他們並且把道傳給其他住在他們左鄰右里的希臘化猶太人聽，信的人一下子就有數千人之多。至於其他希臘化猶太人(包括掃羅)，他們的反應是非常激烈的，因為他們所一直追隨，那些猶太教所清楚講到關於耶路撒冷的教理，如今竟被他們自己的國人所否認，而這些希臘化猶太人就是那些攻擊司提反的人。

當我們在使徒行傳第六章的開始見到司提反的時候，問題已經在這兩批人之間出現了。按路加所講，問題的焦點是在分派食物給寡婦的事情上，然而在這件事的背後，很明顯地標記著在教會中出現了一個更深的缺裂，這個缺裂是比維護或否定猶太教更加深重的（參考資料頁152）。

路加這樣記述，當司提反和其他人被選為執事的時候，彼得和其他使徒就不須撇下神的道去管理飯食的事。不過，這些被揀選出來的執事並非送餐的侍者，他們是教師，是被聖靈充滿，有好名聲的希臘化猶太信徒領袖。

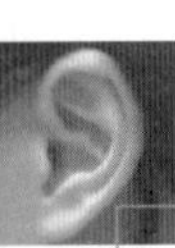

由司提反所引起的糾紛是希臘化猶太信徒和操亞蘭語的猶太信徒爭議的重心。雖然司提反是被迫害的焦點，但被迫害的人一定還有更多，否則就不會令所有希臘化猶太信徒都分散開去。根據猶太教一般的講法，人所依賴的三樣東西就是妥拉（Torah）、聖殿和好行為。但司提反卻唱出了反調。而他們對司提反的不滿就是，他公然說出一些反對摩西和上帝的話，他們說他「不住的糟踐聖所和律法，」我們聽他說：「這拿撒勒人耶穌要毀壞此地，也要改變摩西所交給我們的規條。」（徒六13～14）

路加用了很長的篇幅闡述這些對司提反所作出的指控，這在司提反的講章裏亦能得到證實。雖然他的講章或者會叫我們打瞌睡，但到底他的講章說了些甚麼，會叫他的聽眾聽到怒不可遏呢？我們在他這篇講章所聽見的，是希臘化的猶太信徒和操亞蘭語的猶太信徒所持有的不同理解。司提反所講的是，聖殿和妥拉都不是十分重要，因為神不會住在人手所造之物之中。而他在解釋何謂人手所造的殿時，不慎地將猶太教聖殿和外邦偶像來作比較。按司提反所說，耶穌和聖靈才是最重要的。

他的話激怒了他的聽眾，包括年少的掃羅。掃羅並隨著那些人，用石頭將司提反打死。

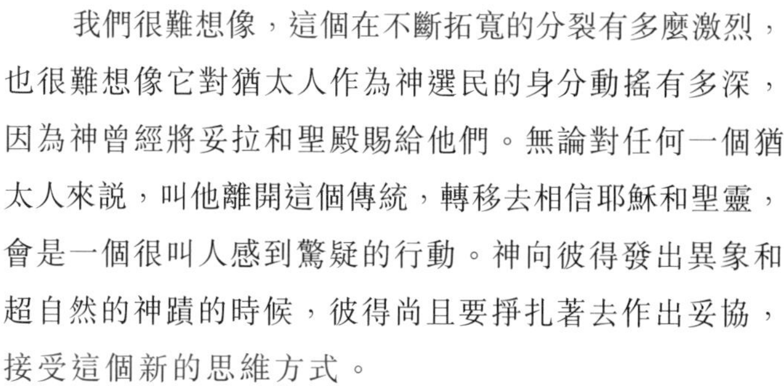

我們很難想像，這個在不斷拓寬的分裂有多麼激烈，也很難想像它對猶太人作為神選民的身分動搖有多深，因為神曾經將妥拉和聖殿賜給他們。無論對任何一個猶太人來說，叫他離開這個傳統，轉移去相信耶穌和聖靈，會是一個很叫人感到驚疑的行動。神向彼得發出異象和超自然的神蹟的時候，彼得尚且要掙扎著去作出妥協，接受這個新的思維方式。

因此，這個早期教會運動所傳遞的理想信息，實在是不可思議。它同時吸引相信的人，也排斥那些未能接受的人。這個信息是：神是一位慈愛的神，所有信的人在主內都是一家人，神不但愛信他的人，他也愛世上所有的人。基督徒對女人的態度，以及耶穌對財富的態度，對未信的人來說，既是吸引他們的地方，卻同時又成為了他們的絆腳石。

希臘化的信徒認為，耶穌所傳的信息和聖靈的臨在，比猶太人的傳統更加重要。看來，耶穌在世傳道的時候亦早已預料到，福音會惠及更多的人。他經常引用舊約指著自己的經文，來說明福音除了是給猶太人之外，還要傳給外邦人的。耶穌與一個撒瑪利亞婦人談道，向羅馬兵丁說話，又向敍利亞腓尼基族人的婦人說話；他也講了好些故事，誇讚一個好撒瑪利亞人和一個非猶太族的人，說這些人的信比神的選民來得更加真誠。有一些學者認為，耶穌對自己所傳的信息的理解，以及他對這個信息所普及之處的理解，可能是從他傳道以來開始逐步形成。所以，到了他潔淨聖殿的時候，他稱聖殿為「萬國禱告的殿」。而且，他在被接到天上去之前，更差派信徒出去，到耶路撒冷、猶太全地和撒瑪利亞，直到地極，叫萬民作他的門徒(徒一8)。

教會的分裂在司提反被石頭打死之後呈現出來，當時「耶路撒冷的教會大遭逼迫，除了使徒以外，門徒都分散……」(徒八1)那是一場極之可怖的逼迫，除了使徒以外，無一個人能倖免。使徒(apostle)一詞在新約聖經中有很多解釋，但最常見的解釋是「被差派出去傳道，建立教會的人」(參考資料頁154)。不過，在使徒行傳八章1節，使徒仍是那些留在耶路撒冷的少數人士，而那些希臘化的猶太信徒才是出去傳福音和建立教會的人。

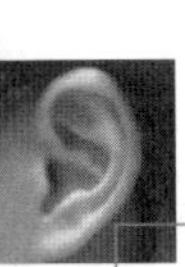

這兩批人是如此的不同，他們接受這個新的信息的態度也十分迥異。操亞蘭語的猶太信徒可以在耶路撒冷不受干擾地生活，做個好猶太人，並偶然相信了彌賽亞；而希臘化的信徒就受到迫害。操亞蘭語的猶太基督徒必定會感到，希臘化的猶太信徒無非是故走極端，魯莽地危害著所有人的生命。「你們毋須這樣去送死。你們看我們，我們天天傳道，得救的人也有增加，甚至好些祭司也相信了。瞧！誰是存心搗亂的人呢？司提反無疑是一個好傢伙，不過他有點兒過於狂熱嘛。」

耶路撒冷在希臘化的猶太信徒分散開去之後，教會開始有一段太平日子(徒九31)。教會內再沒有分離分子，說不定會比以前更趨保守。希臘化的基督徒在分散後，把道傳給那些受到排擠的人。由此看來，他們下到撒瑪利亞也實非偶然(徒八5)。撒瑪利亞人是猶太人所恨惡的敵人，他們對聖殿和妥拉都持反對的意見。腓利傳道給一個埃提阿伯的太監，這個太監因而成為了第一個信而受洗的非猶太裔人（徒八27～39）。在當時，埃提阿伯被視為一個世界最終極的地方，而根據猶太人的律法，太監是局外人，是一個不可以相信神的人。

有學者爭議說，基督教之所以能在羅馬帝國境內廣傳，是因為有說希臘話的信徒分散開去的緣故（參考資料頁153）。當時交通發達，加上希臘語在羅馬轄境內是共通語言，因此，當初信的信徒受到追迫，四處走避的時候，他們是帶著他們的拉比耶穌的寶貴話語到他們所能到達的地方，把福音傳開去的。很多希臘化的猶太宣教士都是博學多聞的人。他們不單會說希臘話，諳希臘哲學，他們並且開始將希臘的哲學觀念引用在神學用語上。雖然耶穌的傳道事工大多數在鄉郊進行，而對象都是本土人；但福音經此一傳，基督教在瞬間已在多個城邑傳遍，而且對象已經是萬國萬民。所以司提反所講的成為教會理解自我的重要信息，司提反所傳遞的信息是關乎：賜生命的聖靈之能力、罪人得自由和釋放和新造的人。

這些希臘化的信徒在隨走隨傳的時候，在羣眾中遇到一班已經預備好心靈的受眾。他們被猶太教的信念所吸引，例如猶太教所相信的是一位宇宙的主宰，猶太教有一套很高的道德標準，並且有博愛精神。所以，當他們聽到他們現在可以得著的，不單是猶太教的精髓，而且是從猶太教減除了其中的律法主義，然後加上聖靈的恩賜的時候，很多人因此而改信了福音。

所以，基督教是甚麼？基督教是一個全新的東西，還是一個從猶太教演變過來的宗教？這個問題是初代教會的一個重要議題。

在這個重大的爭議中，女性處於一個甚麼位置呢？我認為，女人可能一直是夾在教會分裂的中心點，而約亞拿可能是解決這些問題的關鍵人物。

被尋回來

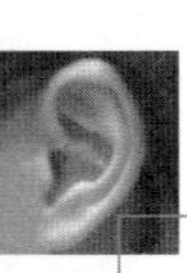

約亞拿與操亞蘭語的信徒和希臘化信徒都有交往，她能清楚掌握到，這些問題在一個初生的教會中的複雜本質和帶有關鍵性的本質。在她自己的生命裏，約亞拿亦十分清楚覺察到，耶穌的呼召所帶著的激進本質，她也知道若企圖將新酒裝入舊皮袋裏，只會是白費心機。約亞拿對操亞蘭語的信徒的保守主義感到愈來愈沮喪，因為操亞蘭語的基督徒對司提反的死的反應令人無法忍受。

約亞拿，你坐在這裏，掌握到初代教會的命脈。你清楚看出在這個具影響性的時刻中所涉及的原則性問題。你要處理我們很多人都要掙扎著去面對的問題，就是我們要制定我們在甚麼時候要持守立場，不予妥協，以及在甚麼時候要求同存異。告訴我們你的經驗吧！

當耶穌告訴我們，他快要離開我們的時候，我們感到煩亂不已，但我們渴望能得著信……我承認，我生怕這個運動有一天會遇上不測。耶穌接納外邦人，使我們進入信之內，但我擔心那些男人會把它忘記，走回頭路。我們難以相信，在五旬節之前，那些男人會倒行逆施，揀選一個人補上長老的職務，為各種事務定下計劃。馬大給我們很大的勸勉。「不要緊，」她說：「我們可以信賴耶穌。」

看來，聖靈賜下的恩賜成就了那個應許。彼得尤其覺得，聖靈是一個標記，是神所恩賜給世人的禮物，因而有男男女女發異夢、講異象。或許，彼得對這些事有了清晰的想法，確信在耶路撒冷所建立的宗教體系會很快承認耶穌就是彌賽亞，然後，耶穌就會再來。

起先，我不時會同意他的想法，因為很多人都信了這道。不過，我想我們沒有人能一早留意得到，誰是回應這道的人，因為信的人大都是從羅馬帝國各地而來的希臘化猶太人，而只有極少數人是操亞蘭語的宗教領袖。然而，那些猶太宗教領袖仍天天上聖殿禱告和教訓人。猶太宗教領袖如果接受這位彌賽亞的話，他們的損失實在將會是太多，我在相當早的時間已經覺察到有這個現象，而且為此感到詫異。因為他們不但要承認自己的錯誤，還要說耶穌和那些從加利利來的鄉巴佬是正確的。他們戀棧權位的心是很強的，他們又怎會輕易放下權力，不去抓住律法所賦予他們解釋律法的權力呢？因為他們就坐在神自己旁邊，是權力中心的人。

後來，神成了肉身的觀念萌起。神成了一位赤身露體的神，懸掛在十字架之上，而且死如奴僕，這實在是太不可思議的事。但當他們想到耶穌所作的事工，就更令他們難以接受。耶穌竟是與稅吏、罪人和女人一夥的？這些人投靠這個彌賽亞，就好像人以為自己手執進入大城的鑰匙，卻到頭來發現自己其實是得物無所用。人從不輕易放棄特權與其影響力。我覺得，要這些人欣然放棄權力去向耶穌屈膝，看來還需要經過一段十分漫長的時間。

我們從雅各在耶穌復活後相信了耶穌一事看來，他似乎是一個好例子，表明當人清楚看見的時候，他們會變成怎樣。雅各成為一個地位超然的領袖。然而，他對耶穌的教訓所聽到的不多，他也沒有聽過耶穌向宗教領袖所講的話，說：「看哪，稅吏和罪人要比你們先進神的國。」

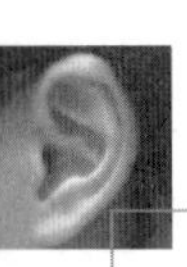

由於操亞蘭語的領導層極力想在猶太族中能成功站穩陣腳，他們就認為我們應該要處事敏感一點。他們說，大凡關係到以聖殿和妥拉為重心的問題都要迴避。他們要求提出這些問題的人，即希臘化的猶太信徒和女人，要保持低調，並要向猶太人領袖表現出一種尊重的態度，因為那些猶太人領袖在相信耶穌之時，已經有很多東西要他們硬著來接受。當時，人都以為耶穌很快會再來，所以，在那段不過是很短促的時間裏，關於耶穌的一生、他的死和教訓這一連串問題，事實上，就是關於神的整個計劃的問題，才是值得我們去關心的。當然，如果他們要這樣解釋，我們亦無話可說。

後來有一天，司提反和腓利問抹大拉的馬利亞和我，會否去到他們的希臘人鄰居當中傳揚耶穌，把他的生、他的死和復活講給他們聽。當時，我和抹大拉的馬利亞兩個人心中都有一個快要回到家中的感覺。我們非但沒有了害怕自己會開罪別人的感覺，而且感到有一種聽從聖靈引導，渴望跟隨耶穌的感覺，像我們從前知道要與耶穌同行的時候的感覺一樣。我們便開始去到那些希臘化的人當中，最後更搬到他們那裏住。我成為了一個中間人，部分原因是因為我諳熟希臘語和亞蘭語，但也是因為我和好些操亞蘭語的信徒關係密切的緣故。很多操希臘語的寡婦遷到耶路撒冷聖殿附近的地方住，並成為了這道的一部分。她們上聖殿領取慈惠的食物的時候，有人告訴她們，由於她們跟隨了耶穌，她們已不再是一個完全的猶太人。那些希臘化的猶太人眼見他們的信正漸漸取代猶太人的律法，他們就放寬著自己來守律法，並愈來愈少上聖殿去。

我想，隨著希臘化的信徒被選為信徒領袖之後，這樣的分裂便會得到圓滿解決，每個人都可以繼續做他們認為自己被召去做的事。馬利亞和我與司提反和其他作領導的作了多次長時間的會談，他們都渴望能知道耶穌所有講到關於聖殿和律法的話。

無疑，司提反的死是一件很可怕的事，但是，當我們聽到那些操亞蘭語的信徒在談論司提反是過於狂熱的時候，這給我們的感覺更是糟透。

司提反對這道的領受與我的很相近。當我選擇跟隨耶穌，我就撇棄了所有東西，包括我的家、我的家人和我所擁有的一切。你要是笨手笨腳地修補你的生命，把耶穌補在那舊衣裳上，那並不是跟隨耶穌的意思。所以，我對自己所作出的選擇一點也不感後悔……

曾經有一段日子，我很不愉快。嗯，在希律宮廷的生活衣香鬢影，生活激盪；但希律已經變得愈來愈瘋狂，令人無從得知他在下一刻會做些甚麼。苦撒和我在王宮的另一端有我們自己的官邸，不過，我們走經外院的時候，經常會遇見一些穿得很少的女人從希律的寢宮走出來。後來，希律很快在獄中處決了施洗約翰。一天早上，苦撒的臉色非常蒼白，他告訴我，希羅底在前一個晚上跳舞迷惑希律，直到後來希律賞賜她為止，她要希律把約翰的頭放在盤子上給她。我懇求苦撒離開王宮，他卻不聽。於是，我仍舊過著那種宮廷生活，為自己目睹的事痛心疾首，但另一方面，我又沉醉在錦衣美食、多姿多采的生活中。

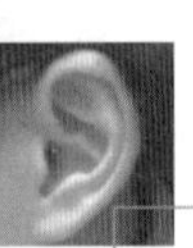

其實，關於耶穌的傳聞，我在宮宴上已早有聽聞。有一次我路經廣場的時候，發現他在那裏。我很想上前一點去聽聽他的教訓，看他醫治人，並假想著自己改天回到宮中的時候，發佈一下這一次的見聞……

當我近前去聽他說話的時候，一個衣冠楚楚的年青人從人羣中走上前去，對耶穌說：「良善的夫子，我當作甚麼事，才可以承受永生？」我憑他的口音可以聽出來，他是一個有好出生背景的人，我認出他是其中一個新來上任作管會堂的人。看著他，我感到自己老了，雖然論年紀，我並不比他大多少。但是，我花在宮中的日子消磨著我的年華，使我感到厭倦。

「良善？」耶穌回答，他移步對他說：「你為甚麼稱我是良善的？除了神一位之外，再沒有良善的。你在經書上唸到的是甚麼呢？」

那年青人低頭背誦了一些誡命之後，就抬頭望著耶穌，我看出他眼裏的渴望。他說：「這一切我從小就已經遵守了。」

我定睛望著那年青人的臉，無法把視線移開。他有財富、年青、有權又聖潔，還有著一個絕望、求解困的心。然後，我看著耶穌的臉，怪不得那年青人會目瞪口呆地凝望著他。耶穌愛他，我們的夫子的目光好像在那年青人身上動了工似的，我只見年青人的淚如泉水般湧流出來。

「去……」耶穌說話的時候，聲音好像在邀請年青人去赴宴一般：「變賣你所有的，分給窮人，然後來跟隨我。」

「但是……」他說，便低著頭向後退了一步。「我要回去……我的妻子，我的父親……」他從人羣中溜了出去。他走的時候，耶穌一直望著他，直到他的身影消失為止。

他那雙眼睛，還有他作出的邀請……我所看見的與我在宮中所聽見的完全是兩回事。我也溜走了，逕自回去我的官邸。那年青人怎可以拒絕那意義深長的邀請？他為甚麼要拒絕？是為了舒適悠閒的生活，然後到最終憂悶而死嗎？……那一幕情景在接下來的幾天縈繞著我的腦海。他怎可以轉身離去呢？或者，他想起了他的妻子、他的兒女和那些在會堂依賴著他的人。

有一個晚上，我躺在牀上，當時苦撒睡著了。我又看見那張臉向我襲來。那天，我也轉身離去了，但我又是為了甚麼呢？

在黑暗中，我感到自己要作出的選擇迫在眉睫，而且已經是沒有選擇的餘地。「苦撒，我不能再留在這裏，我並不屬於這個地方，也不是屬於過這種生活的人。我要走了，要過一個新生活。來與我一起走吧！」但他威迫著我，最後叫我離開。我收拾細軟，走去與那些門徒在一起，跟隨了這道。

到現在，那年青人的臉仍縈繞著我的心頭。有時，我夢見他躺在牀上，在快要離世的時候，輕嘆道：「為甚麼，為甚麼，為甚麼我沒有跟隨他呢？我不能……我的父親……呂底亞……然而，我一直以來都感到很孤單，無盡的孤單。不，不，讓我來重新選擇一次罷。啊，不，我不想再要酒，也不要任何甜點美食……它們對我來說都是苦澀之物。我要跟隨耶穌。愛啊，愛……我怎能就此讓它溜走呢？」我在夢中無法安慰他。那年青人因為那次的轉身離去而沒有接受這愛，自此之後，他的一生都被那一次的失落困擾著。每當我想到他，我就知道我的選擇是對的。

耶穌要求我們將一切擺上，他也將一切賜給我們。假如跟隨這道是值得的話，它就要求我們有一個新生命。司提反看到了，並為此而死。馬利亞和我會因著同一個原因而離開耶路撒冷。

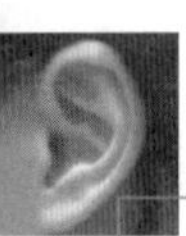

個人思考問題

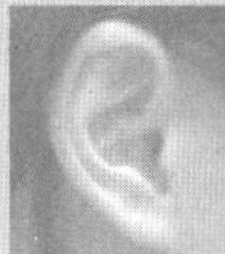

相比其他婦女，新約聖經提到有關約亞拿的篇幅很少，她的出現記載在路加福音八章1至3節及二十四章1至12節。讀這兩段經文，然後從你個人的經歷裏、當時的背景，以及從第五章所談到有關約亞拿的故事，思考以下的問題。如果你把答案記下來的話，或者對你會有幫助。

1. 約亞拿在決定跟隨耶穌的時候，作了一些很難做的抉擇。假如她在做這個決定的時候來找你幫忙，你會如何開導她，使她作出決定呢？你在她的處境裏，怎樣可以作出類似她所作出的決定呢？

2. 在馬丁路德所寫的偉大詩歌中，有以下幾句具挑戰性的詩句：「財產家人任其失去，／必死生命也不眷念。／仇敵縱然取去我身，／神的真理仍與我同偕，／他的國度存到永恆。」這些詞句或許聽起來有點宗教狂熱。你是否也同意他所寫的？你曾否感到自己正得了呼召要去作出一些選擇，好像約亞拿或者那個富有的年青人所做的選擇一樣呢？假如要你去定出一些做這一類決定的原則，這些原則會是甚麼呢？

3. 約亞拿要就她自己在傳統上歸屬何處，和在關乎她所確信新基督教運動應走的方向上，自己又歸屬何處這兩方面作出抉擇。這是一個兩難的抉擇，是大部分參與教會事工的人，或者在其他基督教機構工作的人所要面對的事情。

a. 你是如何決定要在甚麼地方和在甚麼時候作出妥協，容許自己在良心上有偏異，以及在甚麼時候和在何事上要為你所確信是對的事、為神的義而挺身而出呢？

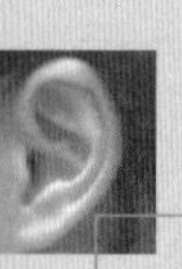

b. 我們作出這些抉擇的時候，有多少是基於我們本身的個性使然，又有多少是基於作為一個基督徒所擁有的成熟表現，或者是有另外要考慮的因素呢？在我們的一生中，我們作這些抉擇的方式有否改變過呢？

c. 回想一下你曾經遇過的一個特殊情況，是你在當中要作出類似的選擇的，而你當時又是如何作出抉擇的呢？約亞拿採取了甚麼原則來作出決定的呢？你在決定甚麼東西要留下來，甚麼要廢棄的時候，又採取了甚麼原則？

4. 在關乎你的生命和抉擇的事情上，像約亞拿這樣的一個跟隨者帶給你甚麼啟示？

小組討論問題

1. 與你的組員分享一下你在個人思考問題第1題的答案。假如約亞拿這晚來參加你們的小組，並要決定是否要離開王宮和丈夫去跟隨耶穌的時候，你們會如何幫助她作出這個決定？

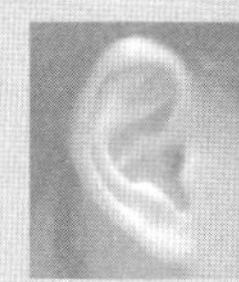

2. 分享你在個人思考問題第2題的答案，例如，你曾否感到你要像約亞拿或那個富有的年青人一樣，要作出一個很難作出的抉擇。

3. 再看馬丁路德所寫的詩歌，今日教會是如何理解這些詩句的？教會是否唱而不行；是否說：不錯，這就是我們的立場；還是教會希冀歌詞是馬丁路德為某個特定的時空而寫的？教會應如何將這些字詞行出來？你是否認為有些人在某些情況下，才需要下定決心，義無反顧；又或者，它所求於我們的是：我們都要下定決心，義無反顧呢？

4. 就妥協、自由、理想主義等幾個方面來作討論，談談你個人的意見。請一些組員分享一下他們的一次經驗，在那次經驗裏，他們曾經需要作出一個好像約亞拿所要作的抉擇一樣的決定。然後，請各組員一起研究，約亞拿是按甚麼原則來作出她的決定的；以及，人又是按著甚麼原則（一個人應該按甚麼原則）去作出那一類的決定的呢？（或者說，是甚麼原則引導約亞拿／引導一個人作出抉擇的？）

5. 你們這一組人一起來作個決定，甚麼是約亞拿要向今日的女性所講的最重要的東西。

第六章

撒瑪利亞婦人

「**我**能從你們各人的說話中聽見活水的聲響。他賜我們喝這水，而且那口湧出活水的井是永不乾涸的。我永不會忘記我遇見他的那一天。」索亞耳的口音和服飾使她有別於其他在座的人（參考資料頁155）。

猶太人和撒瑪利亞人之間的深仇大恨是索亞耳所不能忘記的，也是其他在座的婦女所不會忘記的。這是索亞耳頭一次與猶太人一同坐席，也是這班猶太婦女與一個撒瑪利亞人坐席的頭一次。要是馬大的鄰居在此刻闖進來，看見這個情景的話，她一定會驚叫起來，以為她們在造反；不然，一個撒瑪利亞婦人又怎會與一班猶太婦女同坐一桌？猶太人認為撒瑪利亞婦人是很不潔的，她們很早開始就有月經，而且無論她們如何守禮如儀，按禮她們仍是由始至終不潔淨的人（參考資料頁155）。

但她們竟然會這樣坐在一起，這是她們自己也難以置信的事。然而，耶穌早在幾年前已經呼召索亞耳作他的門徒。操希臘話的猶太人在司提反死後分散開去，到了撒瑪利亞傳道，其後，神在外邦釋放和醫治罪人的消息傳到耶路撒冷。那些分散的信徒到了撒瑪利亞之後，得悉那裏有人已經相信耶穌，只不過他們對耶穌死而復活的事一無所知，這些分散到那裏的信徒必定會為此而感到很詫異（參考資料頁156）。

失去蹤影

撒瑪利亞婦人在約翰福音裏擔當了一個很重要的角色，聖經記載到她的篇幅差不多足足有一章之多，而她也是很多講章的主題。在某個程度上，她或者是在這些婦女中，「失去蹤影」得最少的一個。話雖如此，我們亦很容易忽略這個撒瑪利亞女門徒所帶給我們的意義。

耶穌與這個婦人談話的行動是值得我們注意的。福音書上說，他的門徒都很希奇耶穌為何與一個女人說話。索亞耳在烈日當空的時候出來打水，這意味著她無非是為了避開其他村婦才這樣做。因為她們出來打水的時間一般是在早上或晚上，況且她曾經有好幾個丈夫和同居的情郎，而此刻與她共賦同居的男人又不是她的丈夫。耶穌與她說話的那人，乃是一個撒瑪利亞人，是一個女人（並且是一個不道德的女人），她是一個別人完全不會為之禱告、無藥可救的人。

耶穌對當日的宗教流傳很反感，這可以在他對這名婦人的態度上反映出來。索亞耳是耶穌第一個向其表明自己身分的人。「這和你說話的就是他。」耶穌在回應她對彌賽亞的評論時這樣說。這就是說，耶穌在向其他門徒，甚至向他的母親表露自己身分之前，已經向一個撒瑪利亞婦人透露了出來。

索亞耳是第一個成為耶穌的跟隨者的非猶太裔人，她也是第一個宣教士，因為她到自己的村裏向人說她遇見了基督。聖經說，她本村的人因著她的話就信了。在約翰福音後部，耶穌那分離的禱告是為他的門徒而作的，以及為**那些因他們的話而信他的人**作的，這**那些因他們的話而信他的人**一句，同樣適用於這名撒瑪利亞婦人和聽她的話之人身上。

索亞耳是我們的一個導師，她是耶穌第一個向她表明自己身分的人，是首位非猶太裔跟隨者，也是第一位宣教士。耶穌向他的門徒談論自己與她見面的事的時候，他告訴這班男人要迫切傳福音，因為莊稼已經發白了，可以收割了。他說這人撒種，那人收割，這明顯是指著這名撒瑪利亞婦人而說的。她好像宣教士一樣，走去她自己的村裏撒種，結果其他人就出城往耶穌那裏去。按猶太人的標準來看，索亞耳是一個不潔的人中最不潔的女人，但她竟然成為第一位宣教士／使徒，把道帶進她自己的村裏，而很重要的是，她在那裏建立了一間教會。

耶穌在他被接上升之前賜下大使命，叫他的跟隨者要在耶路撒冷、猶太全地和撒瑪利亞，直到地極，為他作見證。當司提反被石頭打死，希臘化的信徒分散開去的時候，他們把耶穌的吩咐也銘記於心。腓利就是這樣下到撒瑪利亞，完成了一次非常成功的宣教旅程。我們還記得，當日耶路撒冷的教會為著應該保存聖殿和妥拉的延續性，抑或接受聖靈嶄新的降臨而爭論不休；但耶穌與撒瑪利亞婦人會晤的意義要比當日他們所爭議的更加重大。她帶出了一個關於聖殿的問題，她說：「你們猶太人說聖殿是必須的，但我們在這山上禮拜。」而耶穌回應她的問題時，指出了一個比聖殿和妥拉更重要的真理，他說：「那真正拜父的，要用心靈按真理拜他。」這個態度與那些離開耶路撒冷，並下到撒瑪利亞的希臘化信徒的態度十分接近。我們由此可以得知，除了是因為猶太人憎恨撒瑪利亞人的原因外，明顯地，那些希臘化的信徒是會去那些最為猶太當權者所厭惡的人當中，傳福音給他們聽。從某一個角度來看，他們正是把玷在腳上的耶路撒冷塵土踩下去，並確實遵行耶穌所頒佈的大使命的人。

撒瑪利亞是耶路撒冷與猶太全地的猶太教會，以及與在地極正在萌芽的普世教會之間的連繫，所以，要完成向萬國萬民傳福音的大使命，撒瑪利亞是必經之路。索亞耳是站在猶太人所領受的大使命與建立外邦人的教會之間的關鍵人物。現在她坐在這桌子前也同樣守住了她的崗位。

索亞耳確實喝過了活水，並且是用心靈按真理去敬拜神。第一個基督教宣教士原來是一個女人，一個有過一段痛苦、絕望的經歷的撒瑪利亞人。

被尋回來

索亞耳對著與會的人微笑著說：「我欣然聽見你們談及自己遇見夫子的經過。我知道你們所講論的與耶穌告訴我的信息，其實都是同一個信息。它就是活水，向上湧溢、湧溢、湧溢的活水，活水其實就是聖靈。我們敬拜神，並不在乎我們進行敬拜的所在地。這就是新酒，而我們就是新皮袋。我很高興能與你們攀談，因為，雖然你們大家都知道彼此間的故事，卻沒有一個人聽聞過我是如何遇見他的。」她垂下眼睛，望著自己雙手，開始說出自己的故事來。

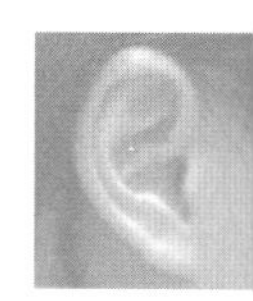

走到井旁，放下水桶，然後挑回去……每個早晨和下午，日復一日……這就是女人在一天開始所要做的工作。那是在我最平常的一天裏所發生的事，但我又怎會料到自己的生命會在那一天被徹底地改變過來呢？

我很寂寞……我同村的婦女都不跟我說話，她們並且開始盯著我，因她們覺得我是想誘惑她們的丈夫和兒子。我的羞恥貼著我，就好像在路上與我一起走到井旁的影子那般，最後，我已無法再忍受這種感覺。我開始獨個兒走那漫長的路，在猛烈的陽光下，我感到肌肉酸痛起來。

那一天……我往上一望，看見一個男人坐在樹蔭下。我看出他是一個猶太人，正要上耶路撒冷去。在他眼中，我是一個惹人討厭的人，對此我很清楚。我不能與其他村婦一道出來打水，因為她們認識我，並覺得我是猥褻物。但我在烈日當空的時候出來，到井旁的時候，卻有一個猶太人在那裏。他雖然對我的事一無所知，但他會認為我是自出娘胎就是不潔淨的人，因為我是一個撒瑪利亞女人。

我遲些會再出來打水的，我這樣想。因為在一個鄙視我的人面前打水……太叫我受不了。但是我很累，而且口渴。我放下瓶子。為甚麼我會在正午出來打水的呢，他為此感到希奇。我猜他當時在想我是世界的渣滓。

我正等著聽他那麼一個好猶太人在我這樣一個淫穢的人面前吐唾沫的聲音。我見自己的羞恥冒升上來，就轉身背著他，心想，我打完水以後就會儘快跑掉。

不久，我聽見他開口説話，他説：「給我水喝。」

我本來以為他會吐唾沫，掩面不看我……但他竟然向我説話？

「你既是猶太人，怎麼向我一個撒瑪利亞婦人要水喝呢？」他其實跟我一樣，是清楚知道我若給他水喝，他就會被玷污。

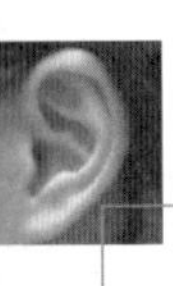

我轉過身來，要聽他如何回答我的話。他説我若知道神要賜給我的恩，和看一眼那位對我説給我水喝的人是誰，那麼，我必早求他給我水喝，他也必早賜給我活水喝。

我？向一個猶太人要水喝？如果我快要因為沒有水喝而死，我也不能這樣做啊……

但這個人卻對我説他可以給我水喝。「你沒有水桶，」我於是説。我告訴他井很深，並且那是雅各留下來的井，便注視他的臉容。

他所説的話……很奇妙。他談到在人最裏面有很大的飢渴，談到人每天出來打水解渴，但喝了從井裏打出來的水，在數個小時之後還會再渴，之後，我們還是要再帶著空水桶出來打水。

然後，他談到他所賜的水能解人最裏面的飢渴，直到這水在他裏面成為一個不斷有水湧流出來的活泉。他説完這話，就沒有再説甚麼。

我很想再聽他的聲音，並且很渴望可以一嚐他所談及的活水。「請把這水賜給我，」我說：「先生，請給我水喝。我來這口井打水已經感到很疲累，我老是會覺得口渴，而且口渴從來沒有徹底消解，求你給我，好嗎？」

他聽著，然後望著我的臉。「去，」他說：「叫你的丈夫來。」

一陣羞愧在我裏面往上直湧出來。在我每一條血脈裏所流著的已經不再是血，而是羞恥。噢，我早知道會這樣，事情哪會有那麼簡單。我，一個撒瑪利亞人，一個女人，我的猥褻已經是有過之而無不及，但有誰會明白我，會真的明白我……

活水像海市蜃樓般蒸發，沒有了、消失了。無盡的懊悔、悲傷從我心深處如水湧上來，淹蓋著我。我對自己說，我要努力爭取，不致失去這水。「我沒有丈夫。」我說，低著頭。沉默壓著我，在我的耳中砰砰作響。

最後，他開腔說：「我猜你所說的是真的。」我抬頭望他。他搖著頭說：「你已經有五個丈夫，你現在有的，並不是你的丈夫。」我的羞恥燃燒起來，叫我全身發僵。這個陌生的猶太人怎麼會知道我平生的事呢？

我很害怕。所有我對神的懼怕……神是知道我最祕密的事情的，他知道我在私底下所做過的一切事……我很想飛奔離去，一走了之，但人是不能逃過這位叫人驚懼的神的。我感到自己已被擒住，被迫入了角隅。他是清楚知道的……

我抬頭望他，並且看到了憐憫。他的臉告訴我，我的一生很是愁苦、悲慘……我現在也不知道它是不是好像一樁旱災消息……但我看不見有譴責，只見到悲傷……

「我看出你是先知。」我聽見自己那麼說。我對神的懼怕被我的渴望所沖刷著，我渴望知道這個神到底是怎樣的一位神。這個神是我從前所畏懼、所懷疑和渴望認識的。我很是沮喪，很想知道答案，但我所能想到的是，傳聞中猶太人和撒瑪利亞人在宗教上所爭論的那些沒完沒了的陳年老問題：我們應當在耶路撒冷敬拜，還是在基利心山敬拜？

他在說話前用銳利的目光望著我，他的答案斬釘截鐵，道出了那些宗教爭論的重心。他的話永遠刻在我的腦海中，他說，時候將到，人要在耶路撒冷抑或在基利心山禮拜……都無關緊要。時候將到……如今就是了，那真正拜父的，要用心靈按真理拜他，因為神要這樣的人拜他。神……記著……是個靈，神不是石頭，也非木頭，所以拜他的必須要以心靈按真理拜他。

他在說甚麼？他正談及將來和現在，像說這兩者是走在一起的，而且就在這一刻，就在井旁，永恒已經開始了。神在此時、此地……我當時感到眼花繚亂……之後，我想到彌賽亞——就是我從前所知道那個將會帶著神的國度來臨的受膏者。「我知道彌賽亞要來，」我說：「他來了，必將一切的事都告訴我們。」

他終於說出那話，他說：「這和你說話的就是他。」

我直起身子來站著，水桶還在一旁，我知道他所說的都是真實的。我遇見彌賽亞了。那時，我正站在聖地之中至聖之地。我與彌賽亞說話……不但如此……彌賽

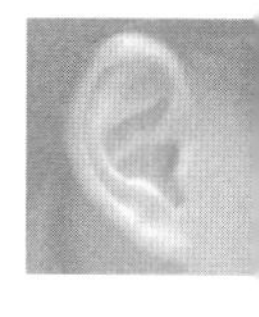

亞也與我說話哩！這是怎樣的一位彌賽亞呢？他知道我是一個撒瑪利亞人、是一個女人。他知道我最深、最黑暗的祕密。然而，彌賽亞正與我說話，賜給我活水。我望著他的臉，熱淚滿眶。

我在心神鎮定下來之前，聽到一些嘈雜聲……是他的門徒來了，但我無法望著他們。我聽到有人低聲議論說：「他接下來會做甚麼……跟一個撒瑪利亞婦人說話嗎？」「那婦人在這個時候出來這裏，所為何事？」我抬頭看見耶穌瞪眼望著他們，示意他們安靜下來。他望著我，向我微笑。

我感到自己快禁不住興奮。我丟下水桶就向著村子裏跑去，水桶就掉在水泉旁邊。

我進到村裏的時候就開始有人探頭出窗外，也有人從房子裏走出來。我現在也不很清楚到底當時的情形是怎樣的，或者他們看見一個女人在烈日當空下奔跑的情景很是矚目。「你們來看，」我說：「我剛在井旁遇見了……一個最奇異的……猶太人。他和我說話，我平生所做的一切事，他全都知道。他所說的每句話都是真的。我知道他就是彌賽亞……你們跟我來，我們去留著他，求他住下來。」

後來，有很多人告訴我，他們是因為看見我的改變，我的面貌、我的聲音，還有我眼神的改變，這些改變催逼著他們跟著我走。我從未曾那麼快樂過……那天，我是不潔的人中最不潔的人，卻在正午領著一羣鄉民在熾熱的陽光下邁行。我當時很想跳舞，很想大聲喊出來，我的喜樂實在太大了。

當我們來到井旁，耶穌向我點頭微笑，好像我們是老朋友那般。來的人望著耶穌，又匆匆看了我一眼。有人問耶穌可否留下來住幾天，而其餘的人也跟著說同樣的話，求他留下來。他住了下來，並教訓人和治好了好些人。我的生命從那時候開始完全改變了……

數星期前，腓利到了我們的小鎮，並開始向人傳講耶穌。他很驚訝在我們中間有些人對他說：「是的，我們是彌賽亞耶穌的跟隨者。」

我受洗之後，很清楚知道我應該上耶路撒冷，與作耶穌的見證的人見面，多聽一些他的教訓，並知多一點關於他的死和復活的事。是腓利叫我來這裏，到伯大尼這個房子來的。不過，他警戒我，在耶路撒冷，有些跟隨者可能不喜歡聽見有人把福音傳到撒瑪利亞，因為他們認為福音只是給猶太人的。我將自己的故事告訴他，他說如果耶路撒冷的跟隨者知道耶穌早已把福音帶到我們村裏，他們可能會感到不高興。

我的姊妹們，請記念我，求神與我同在。我從前是個孤單的人，被自己村裏的人和在那裏的姊妹所摒棄。那時，我有的只是羞恥。但從我第一次嚐到活水的時候開始，我就領受了這個使命。我已把福音傳給我村裏的人聽。我不知道，除了把福音帶到本村之外，我還會把它傳到哪裏。但是，我今日與你們一起坐席，我的姊妹們，我已再不會感到孤單和羞恥，願頌讚歸予耶穌。

個人思考問題

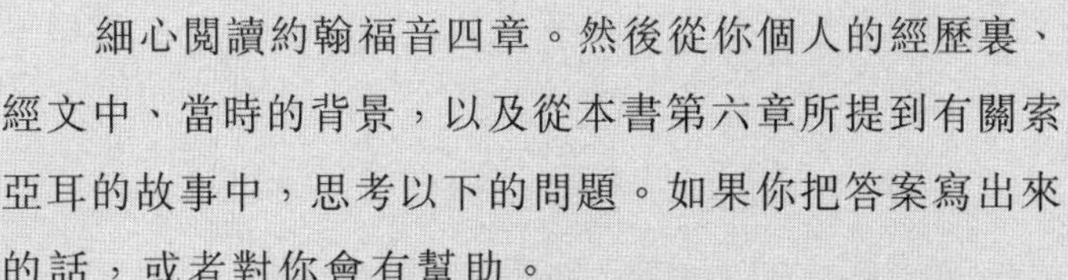

細心閱讀約翰福音四章。然後從你個人的經歷裏、經文中、當時的背景，以及從本書第六章所提到有關索亞耳的故事中，思考以下的問題。如果你把答案寫出來的話，或者對你會有幫助。

1. 有哪些東西令這名撒瑪利亞婦人感到自己毫無價值，或者有不好的感覺的？嘗試把你所列出的東西分類。例如：假如她因為自己是一個撒瑪利亞人感到不開心，你可能會說，撒瑪利亞人的身分是令她之所以感到不愉快的原因，因為這是她所控制不來的。

2. 假如你在井旁遇見耶穌，有甚麼東西會令你感到自卑或不舒泰，彷似耶穌不是真的在乎你一樣呢？(如果你需要得到幫忙才能開始你的分享，你可以想一想你在第1題所做出來的分類表，先看看索亞耳是在哪些範疇上感到自己不被愛；在你的一生中，你又是在甚麼地方使你有索亞耳那些感受的呢？)

3. 有渴求並不是一件壞事。如果耶穌不感口渴，他就不會一直坐在井旁；撒瑪利亞婦人也就不會在那裏。現在集中思想口渴這東西：

   a. 一個旁觀者看見這名婦人的時候，會以為她所渴求的是甚麼？她真正的渴求又是甚麼呢？

b. 當一個旁觀者看見你的生命的時候，他又會以為你所渴求的是甚麼呢？(提示：對你來說，有甚麼東西看來是最重要的？使你最花時間、精力、金錢和才幹的事情是甚麼？) 耶穌能從你在表面上的渴求看出在你裏面的飢渴。其實，你真正最深的渴求是甚麼？

4. 耶穌很小心地選用了水作為這個比喻的主題。在乾旱的國家，水是非常重要的。水，也是一個女人部分的職責，她要為她的家庭去挑水，使家人存活。耶穌借用了一些很重要而又平常的事物，來賦予它一個全新的意義。在這段故事中，細看耶穌是怎樣談到水的，他所談及的水是活水、是湧溢出來的水……

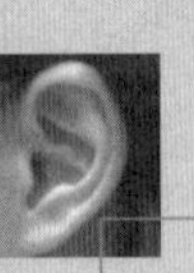

a. 你已經確定你生命中所飢渴的是甚麼。有甚麼東西阻礙你去飽喝這活水？(事無大小都可以是這個問題的答案。小的可以是打個電話，大的可以是懼怕，或是神那具毀滅性的形像等等。)

b. 用數分鐘的時間去想像一下那一口從你的心靈深處湧溢出來的活水泉。然後，想像自己被水清洗後，給你煥然一新的感覺，使你的生命得以完全。用圖畫或文字把你的感受表達出來。你能否求神徹底解你心之所渴呢？

---

5. 在井旁的撒瑪利亞婦人拋下水罐子，逕直走去她的朋友那裏，告訴他們自己所遇見的事。她曾經是一名被

遺棄的人，但她現在有一件很重大的事情要講給別人聽，她感覺到，其他人也需要聽一聽這件大事。

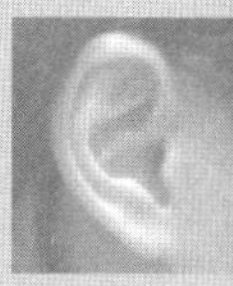

a. 用一、兩句説話，扼要地講出這名婦人給你的信息。

b. 你有甚麼故事要講給別人聽的，你要與人分享的「活水」又是甚麼？誰是神要你與他分享你的信息的人？

小組討論問題

大聲朗讀出約翰福音四章。

1. 當大家安頓下來，準備開始進行討論之後，請每一位組員分享一下，你們感到水對於你們來説是很有意思和有特殊意義的一次經驗。

2. 分享你在個人思考問題第1題的答案，把那些可能令這名撒瑪利亞婦人感到自己毫無價值，或者讓她有很壞的感覺的東西列出來。在索亞耳的「毫無價值」清單上，有沒有一些東西是使你可以理解自己的人生，又或者這些東西與你人生的某些地方是互相對應的呢？在清單上所列的東西，應否成為使這名撒瑪利亞婦人感到自己毫無價值的原因？那些你所分享過關於你自己的生命的東西，是否可以成為令你感到自己沒有價值，或被排斥的一個合理原因呢？

3. 請組員輪著來分享你們在個人思考問題第3a題的答案：索亞耳真正渴求的是甚麼？請組員一起討論，你們認為索亞耳真正的飢渴如何與她的信有關。你是否感到這名撒瑪利亞婦人是期望她的信可以滿足到她的飢渴，她是含糊地相信她的信可以滿足她的飢渴，還是沒有期望她的信會給她任何真正的答案呢？

4. 你的飢渴與你的信如何有關連？在你的期望中，你是否與索亞耳一樣，期望你的信可以解你心中所最渴求的呢？

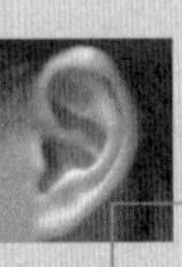

5. 與組員分享一下，你認為自己真正的飢渴是甚麼，而又有甚麼阻礙你去飽喝活水，解你所渴求的。與組員彼此代禱，祈求神使你們能像這名婦人一樣，各人都可以將自己的飢渴帶到神面前，並且滿得飽足。

6. 在結束之前，分享你在個人思考問題第5a題的答案，「索亞耳給我的信息是……」然後，用一、兩句說話寫出你們這一組人對以下問題的答案：索亞耳給今日的女性的信息是甚麼？請一位組員將你們一致得出的答案寫下來。

第七章

馬大

「歡迎大家出席這個記念主的筵席。」馬大對索亞耳和我們所有人說：「耶穌已經囑咐我來接待你們。」

雖然我們對馬大這個名字不會感到陌生，但這個堅強的耶穌跟隨者對我們來說，早已經不知所蹤（參考資料頁156）。可是她失蹤的方式跟抹大拉的馬利亞和約亞拿失蹤的方式是不一樣的。聖經有幾處地方都記載到馬大的事迹，但是，因為這些經文所闡釋的馬大，已經與社會對待女性的態度纏結在一起，因而使到馬大的生命和她所作的見證變得平凡起來。馬大已經是一個代表為家務和飯菜煩擾的小女人，就如很多女人都是為這些事而煩擾一樣。願神憐憫她們！

我在這個聚會中希望再向大家介紹一下馬大這個人物。不過，我要介紹的馬大並不是一個平凡的小女人，我要介紹的她乃是一個很有信心的女人，有魄力、又有恩賜。她需要得到拉比耶穌給她訓勉，以使她能好好運用自己的恩賜。馬大在很多方面都表現出她是一個有真材實料的導師，是當代女性學傚的榜樣。

馬大和她的妹妹，並她們的兄弟拉撒路一同住在伯大尼。拉撒路就是耶穌曾叫他從死裏復活的那個人。耶穌每逢要上耶路撒冷過節的時候，都會住在他們家中。

所以，伯大尼可能是耶穌最有在家的感覺的地方。由於聖經每當提到他們三姊弟的時候，排名都是以馬大為首的，學者因此相信，在福音書寫成的時候，馬大在當日的基督教羣體中，已經是一名很傑出的人物。約翰福音記載：「耶穌素來愛馬大和她妹子並拉撒路。」(約十一5)，這句話對約翰來說，意思就是「耶穌所愛的那幾個門徒」。

我們在路加福音讀到馬大來到耶穌跟前，求他吩咐瑪利亞幫助她準備晚餐的故事。耶穌在回答馬大的時候，告訴她坐下來聽拉比的話，學他的教訓的瑪利亞是選擇了那上好的福分。我們讀這故事的時候，可能並不覺得耶穌這樣的回答是很不尋常的。然而，就當時的背景來說，耶穌這樣的言論其實是很反傳統的，因為馬大正是在做一些好女人該做的事，而瑪利亞所做的並不是一個好女人該做的事。

耶穌說瑪利亞跟隨他作門徒和她向拉比的學習，乃真正是人所不能奪去的。耶穌在社會不容許女性全情貫注在宗教活動的壓力下，偏偏給予這些婦女一個尋道的機會。在第一世紀的猶太教中並在社會上受人敬重的女性，自小就已經受教不可出入公眾場所，不可在公眾場合與異性交談，也不可學習妥拉，更絕不可以去跟隨一個拉比，做他的門徒。此外，她們在沒有父親或丈夫的指導下，也不能判斷一件事是否合乎道德。不過，耶穌對男性和女性跟隨者卻是一視同仁的，他召所有人來聽教學道、成長，並作他的跟隨者。

失去蹤影

路加在三十多年後把這件事情記錄下來，它在福音書中的出現應被視為歷來其中一個最大的神蹟。福音書的作者在決定要寫甚麼的時候，都作出了很難的取捨，才不致令福音書的篇幅過於綿長。但是，路加卻將一幕家常生活的情節記錄下來。這並不是一個講死人復活的情節，也不是一個被鬼附的人得釋放的故事，它乃是一個講做家務的先後次序的情節。這是一個帶有預言性質的情節，並且是一反當日的文化。它講到耶穌關心女性的跟隨者，猶如他關心男性的跟隨者，而且拉比耶穌並不希望女性的生命顯得平凡。

雖然路加將耶穌向馬大所說的話記載下來，他的話絕不是模稜兩可的，但是這些話卻很零散，以致令人對女性應該是怎樣的，這個顯要的認識連一點印象都幾乎沒有。莎雅絲(Dorothy L. Sayers)在她的文章〈人者不甚人者〉("The-Human-Not-Quite-Human")指出，我們很難找到一個認真處理耶穌所說的話的牧師：

> 我從來沒有聽過一堂講馬大和馬利亞〔瑪利亞〕的故事的道，不是試圖以某種方式、或在故事的某處地方，將經文解離原文的意思。瑪利亞所揀選的固然是上好的福分，因為主是這樣說的，而且我們也不可以反駁他所說的話。但我們也得小心，不能蔑視馬大。我們不能否認，耶穌也同樣讚賞馬大的。我們不能沒有馬大，而事實上我們必須承認(我們向來只會口裏說聽從神所說的話)，我們必須承認我們很喜歡馬大。因為她實實在在

做了女性所做的工作，而馬利亞〔瑪利亞〕的表現只不過是與其他門徒(男或女)差不多。所以，馬大所做的是一項很艱巨的工作。

耶穌最清楚明確的話在社會上遇到了迎面而來的強烈攻擊時，也會變得不容易掌握。同樣，在約翰福音裏，從馬大好幾次和耶穌的碰面中，我們也忽略了她的長處。而在這一次，我們看見馬大為著她的兄弟拉撒路的死焦急。然後，在數章之後，我們又再一次見到馬大在那裏準備飯菜。試問她曾想過要放棄，丟下膳食的事不理嗎？馬大是否很可愛？是的。但她有點淺薄。

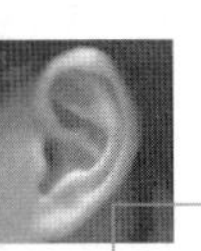

結果，馬大成為那些終日為瑣事忙碌的女人的縮影，她不像她的妹妹那麼專心致志、帶有神祕感。行動型的馬大，成為當今那些抱著「即管做出來」的態度而不會花太多時間去做反省的西方基督徒代表。

任何人做事都可以像馬大一樣。這種已經與馬大聯成一體，以行動為尚的品質之所以是一種毒害，是因為它已經成為一個理想。她正正就是一個永遠為了他人而不停地工作的小女人，而且是一個做起事來從不會問為甚麼，一直會做到死為止的女人。這個理想中的「馬大」是專責教會所舉行的大食會籌募活動和舊衣義賣的女人。莎雅絲常說，一個平板的女人乃是一個危險的女人。因為她將所有神賜予她的精力都貫注在料理家務上，她這樣做不單使自己變得古板，而且會為自己和她身邊的人帶來傷害。如果馬大沒有聽耶穌的話，她可能早已經變成這樣的一個危險人物了。

當然，馬大是有聽從耶穌的話的；她並且成為了現代女性的一個學習榜樣。她教導我們要學習聽從耶穌基督，並尋找出神呼召我們去做的事是甚麼。話雖如此，我們可能仍會懷疑馬大大概在福音書的尾聲就失去了蹤影，我們從此不再見到她一面。自從耶穌被接升天以後，馬大想過開一間供早餐的旅店嗎？（她的旅館牆壁上可能會掛著一些蠻有趣的牌匾裝飾，上面寫著：耶穌曾在此處上座，耶穌曾在此處寢睡。）

我們可以從何開始尋找這個失蹤人物，把真正的馬大找出來呢？

馬大並非失了蹤，反之，她在初代教會積極擔當了教會的領導角色，在自己家中帶領著一個家庭教會。在初代教會，耶穌的話被人們看為寶貴，而馬大就是人搜尋耶穌寶貴的話語時其中一個最好的資源，她也是一個寶貴的教師和福音使者。事實上，馬大是一個幸運兒。因為她是少數可以在自己有生之年，能在當日那個特別的時刻，以一個女人的身分，得著耶穌的激勵去做一個真真正正的跟隨者，並且能運用她的恩賜來服事主。千百年以來，以至千百年以後，馬大可能會一直被人壓制，並且因為她是一個女人的緣故而被人叫她少做大事。

當我們看大概在主後九十年寫成的約翰福音的時候，我們可以更多看見馬大的出現，和她在約翰羣體（Johannine community）[1] 中所扮演的重要角色。馬大一定是聽從了耶穌的勸勉，揀選了那上好的福分，因為她在她的兄弟拉撒路死後，對耶穌說出了那番大有信心的話：「我信你是基督，是神的兒子……」（約十一27）這句話也就是彼得在其他福音書中所發出的信心大宣言。(而且彼得是憑藉他所表現出來的這份信心，而被視為建立教會的人和首位教父。可是，馬大所表現出來的信心又為她帶來了甚麼呢？)

在約翰福音寫成的時候，我們已清楚看見馬大是教會的一個領袖。約翰福音十二章2節記載到馬大在桌前服事(*diakonein*；關懷、服事之意)。這個被翻譯成「服事」的字眼在約翰寫約翰福音的時候，已經成為一個專用語，代表一個在聖餐／愛筵作服事的人，而這個人的職務就是要履行執事(*diakonos*；受按立的基督徒)的工作，他是一個被按立的人。被按手選立為執事這個行動，在當時已經成為一個標記，表示經按手選立的人是被教會正式承認的。雖然馬大並不是惟一一個擔當此職事的女性，但她一定是以這種方式被選立出來的。

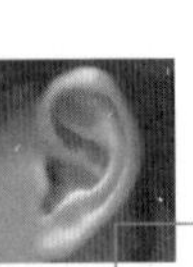

馬大並沒有失去蹤影。她是在約翰羣體中一個積極分子，被「按立」的成員之一，而且因她坦率地說出那些具有預言性質的說話，以及她在桌前的服事而為人所熟悉。馬大選擇了那上好的福分，她在耶穌死後一直跟隨著他，並且在教會作帶領的工作。

被尋回來

當我們想到馬大的時候，她給我們的形像是一個執事。執事就是站著，舉起餅，祝謝，說這餅是神為全教會會眾所設立的食物的人。餐桌對馬大來說是個很重要的地方。在她遇見耶穌之前，餐桌是重要的，因為那是她極力想證明自己有價值的地方。但是，當她在耶穌裏找著了神向她所作出的呼召時，她的生命和餐桌都因而改變了。

馬大所得的呼召集中在餐桌的事情上，正如耶穌在世的時候，和在那個羽翼未豐的教會中，餐桌都是在她的服事上佔了一個重要的位置。潔淨與不潔淨的食物、宰殺畜牲之禮、惟恐被玷污、潔淨之禮等等都是猶太人要遵守的餐桌事務，是表示他們的猶太人身分的關鍵地方（參考資料頁157）。耶穌因為在吃飯前沒有行潔淨之禮，以及與稅吏和罪人這些他不應與之同桌吃飯的人一起吃飯而受到評擊。話雖如此，在福音書中，耶穌仍不斷與很多人一同坐席，吃喝和交談。

一個有罪的女人在耶穌坐席的時候來膏抹他，而且被法利賽人看見了。傅特（Frend）指出，法利賽人大概是因為這件事而認為他們必須鏟除耶穌。不過，在吃飯的時候，連撒該也悔改；在吃飯的時候，瑪利亞為預備耶穌的死而膏他。在最後的晚餐，耶穌為愛筵／五旬節的筵席添上特殊的意義。在往以馬忤斯的路上，門徒一直沒有認出耶穌來，直到耶穌與他們坐在桌子前擘餅的時候，他們才認出他。

信徒除了相信耶穌就是彌賽亞之外，餐桌亦成為基督教運動初期的重心部分。信的人因為在每星期的頭一天聚在一起領受聖餐而有別於他們不信的鄰舍。聖餐是由耶穌始創的餐桌團契的延續。

在吃飯時行的潔淨之禮成為了新運動的一個中心議題。當神要使彼得接納外邦人成為信徒的時候，他給彼得看到異象，見到潔淨與不潔淨的食物。彼得傳道的時

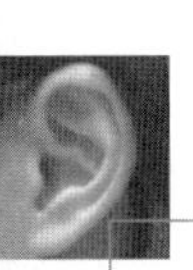

候，有一次來到耶路撒冷與外邦人吃飯，但他因為受到雅各和其他人的非議而改變了初衷。在耶路撒冷會議，桌子潔淨之禮是一個主要的議題，他們要議決的事包括：信徒可以讓甚麼人與自己一起吃飯，以及可以吃甚麼。安提阿教會為著誰才可以用聖餐而掙扎煩惱。

一如前面所說，在耶路撒冷的初代教會分成了兩派。有些學者認為女性在桌前服事很有可能是導致希臘化的猶太信徒和操亞蘭語的信徒分裂的原因。由於希臘的女性在祭典中是享有領導地位的，那些比較見多識廣的希臘化信徒亦因此很接受女性在桌前事奉。而那些視自己為猶太教的一個派系的人就對女性作領導感到不大舒服（參考資料頁158）。

假如這是在耶路撒冷的初代教會內的問題，馬大就會成為這個爭議的磨心。雖然馬大是說亞蘭語的，但我相信她在接觸到那使人得釋放的耶穌之後，或者會有一個被召的感覺，使她不願就此放棄，並無懼社會的壓力。而由於她在耶穌心中有著特殊的位置，是「耶穌所愛的一個」，那些操亞蘭語的信徒可能會很難左右馬大和她的事工。

馬大在七日的頭一天接待一班信徒，在家庭聚會中事奉。她在這裏可以同時發揮她款待人和作領導的恩賜。馬大被初代教會珍視為一個與耶穌同行的人，她是耶穌所說的話的一個極寶貴的資料庫。我相信馬大和她弟妹的家是一個經常有外人來訪的地方，他們來是希望與耶穌的見證人見面，和聽取一些關於耶穌的故事。

馬大望著擺在她面前的酒，又望向圍著桌子而坐的人，並且開口說話。

耶穌已經囑咐我接待你們來到這桌子前，使你們一同在主前坐席。我被聖靈所充滿，現在的我與在那些日子以前那個遇見過耶穌的我，是同一個人，同時也是一個很不一樣的人。從前那個走進這房間，向耶穌抱怨我妹妹閒懶的女人是我，但在那個時候的我與你們是一樣的人，我沒有平安，也沒有強烈感覺到在自己裏面的呼召。

那個女人既是她本來的自己，但她又已經不再是她。當日，我需要別人稱讚我的家、稱讚我的廚藝、我的效率，這通通都是一些外在的聲音。神的呼召在我裏面湧溢出來，將我的恩賜和我最深切關注的東西串連在一起。我不以神的呼召來餵養自己，反之，我乃是跟隨，因為這是神在世上工作時所選用的方式。

神的呼召從耶穌的愛那裏直接湧出來，在聖靈裏澆灌在我們身上。它就好像是與神共舞一樣，我的喜樂舞動、湧溢，流向關注教會的需要；這不單使在我們弟兄姊妹之間的團契得著了祝福，連我自己也是蒙福的。自從我們在七日的第一日開始我們的家庭聚會，記念耶穌的復活，我就在這裏開始了一個家庭聚會，一如所料，這樣的聚會是好得無比的。耶穌在我們的聚會中，就如他昔日在我們中間一樣，當然，他的肉身不是真的與我們在一起，他說：「馬大，繼續服事吧！你可以成為我的手、成為我的聲音。」我一如既往地去服事，提醒人他在世上的時候是如何與我們一起吃飯，而且已經吃過無數次，我又提醒他們，他現在又是如何與我們一起聚餐。

我們從最後的晚餐開始，已習慣了複述耶穌所講過的話，而且我們知道，耶穌在我們聚會的時候，就一直在我們當中，餵養著我們。

多年以後的一個晚上，雅各和彼得來到我們中間，我看出他們心中好像有些甚麼的。他們說，他們不想在那些努力傳福音的對象中，見到有任何一個人感到不愉快；在這些人之中，有人是相當保守的……我當時不明白他們想說的究竟是甚麼，直到後來，我才明白他們所指的是我主領聖餐的事。「你們希望我不順服復活的耶穌，不順服與我同在的聖靈；這樣你們就不會開罪其他人嗎？」我大聲笑起來。

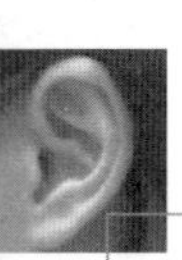

毫無疑問，我們被召，是要我們完全委身共事，而且我們是義無反顧的。我想對彼得和雅各說：「那麼，你們希望我也行割禮嗎？」但我想我還是由他們自己去思想，舊皮袋是不能裝新酒的。

這個呼召已是今日我這個人的很大部分，我是無法想像自己若不去跟隨，會是怎樣的一回事。我相信這張桌子必須要開放，接納其他人。我很高興索亞耳這晚與我們一起，因為凡是耶穌所愛的和他所召聚的人，都應聚集在一起的。

我盼望耶穌很快會再來，對於過去那些有人叫我停止跟隨耶穌的日子，我盼望自己以後不會再見到，因為耶穌已經囑咐我要接待你們。

編註：

1.「約翰羣體」是近代聖經研究提出的概念，一般是指約翰福音背後的羣體，反映了福音書的神學思想。這個羣體的成員十分複雜，學者一般是按照約翰福音所提及的羣體來推敲。

個人思考問題

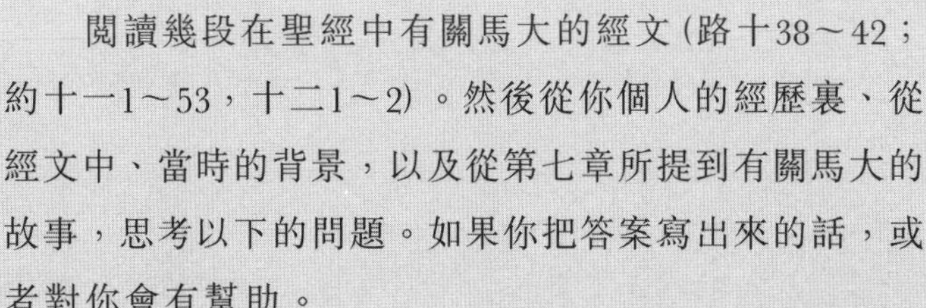

閱讀幾段在聖經中有關馬大的經文（路十38～42；約十一1～53，十二1～2）。然後從你個人的經歷裏、從經文中、當時的背景，以及從第七章所提到有關馬大的故事，思考以下的問題。如果你把答案寫出來的話，或者對你會有幫助。

1. 在路加福音十章所記載的一段經文是很值得我們注意的。部分原因是經文本來看上去平平無奇，如閒話家常，但我們卻能從這些日常生活的片段中，歸納出我們生活的模式。看一看這段經文所描述的馬大：

   a. 你在甚麼時候曾感受過馬大在此刻所感受到的那份沮喪？

   b. 你想，她是因著甚麼原因決定要將自己的問題帶到耶穌那裏的呢？

2. 馬大來到耶穌那裏，很凝重地說：「主啊，我無法完成我所有的工作……」你到耶穌面前來的時候，是帶著甚麼來對他說：「主啊，我無法完成所有的工作……」

   a. 耶穌告訴馬大，她「為很多的事思慮煩擾」。假如耶穌現在要向你說話，他會說些甚麼？「〔你的名字〕，你為＿＿＿＿思慮煩擾」。請將你思慮煩擾的事情列出來。

b. 耶穌似乎是對馬大說，相對她的妹妹而言，其他人覺得她不足取，又或者是她自己使自己變得微不足道。你曾否感到自己把時間花在一些瑣事上，別人對你所做的事不甚重視，或許連你自己也不很珍惜你的時間呢？

c. 耶穌對馬大說：「但不可少的事只有一件……」有甚麼事是耶穌正要對你說，有一件事是你不可少的呢？想一想你的「一件不可少的事」是甚麼，並對耶穌給你的呼召說聲「是的，我是少了這一件」。

3. 在路加福音十章所提的事之後，我們在約翰福音看到馬大說出了她那大有信心的話。看一看這段經文（約十一20～27）。馬大所說的話帶出了甚麼？這與她那份愈來愈強的信心有關嗎？

4. 我們在約翰福音十二章見到馬大的服事。有很多學者都同意，這段經文所指的很可能是馬大在初代教會中所擔當的角色，她是在聖餐中服事的。她的服事是將餐桌和款待的重要性集於一身的一個很優美的配搭，但這個服事有更深層的意義，並且是神給予教會的一個祝福。

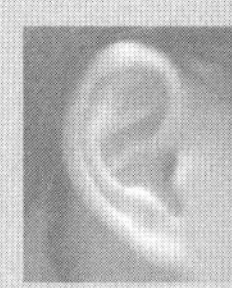

a. 你有哪些恩賜是循著這個途徑萌芽的？由當初的一些興趣或愛好開始，後來慢慢轉為一些發展得更加完全的服事呢？

b. 當你想到自己「一件不可少的事」的時候，想一想甚麼只是你當初的一些興趣，而到了現在，這些東西在你的生命中已經成熟，結出果子來，像馬大的情況一樣。

小組討論問題

1. 列出一些角色，是你們一致認為是一直使自己感到有壓力的，例如做「一個好女人」或「一個好基督徒」。這裏有一個可以幫助你們去思考的方法：想一想在你們成長的過程中，你們在學校、在教會、在家裏，別人向你們所講過的說話，例如穿著要怎樣，舉止、談吐要怎樣，又或者一定要怎樣打理自己的房間等等。試完成以下的句子：「乖女孩常常要……」，以及「乖女孩從不……」(相信要你們一組人一下子寫出三、四十個句子都不成問題。)

a. 你認為你的母親從前也同樣感受過你所感受到的壓力嗎？你的女兒(或其他較年青的人)是否也有同樣的感受？

b. 你所承受的壓力，有哪些是你到現在仍感到很難忍受的？在你們所有人的答案中，抽出其中三、四種壓力出來大家一起討論。

2. 馬大感到有無比的壓力，要去把事情做得好。她看來一直非常忙碌，但在某個程度上又感到沮喪、厭煩和受輕視。分享你在個人思考問題第1a、2a及2b題的答案，集中分享那些你與馬大有相似感受的事情。

3. 每當我向一些小組指出，我們在其他福音書中聽到彼得所講的信心宣言，其實就是馬大在約翰福音所講的話時，他們通常的反應都是不相信的。人們推測，彼得那番話是使他成為建立教會的基石和首位教父。假如我們相信馬大所講的這番話跟彼得所講的同樣出色，這會令我們對女性、以及對信心的理解有改變嗎？

4. 就馬大以前在餐桌事務和款待人方面受到的困擾，以及在她後來得呼召在主的桌前服事，而她在其間能沒有停斷地繼續努力這一事上，與組員一起討論。這是否表示她的所有恩賜都是她的一些天賦才幹，而神是喜用天賦之才的；又或者她早年已經有的天分和興趣都是神所賜給她的，並且神使她的天分能在日後成熟結果呢？你如何理解一個人本身的興趣和天賦，與他在得到呼召在教會作服事這兩者之間的關係？

a. 與其他組員分享一下你認為耶穌向你所說的那不可少的「一件」是甚麼。或者，換另一個方式來說，

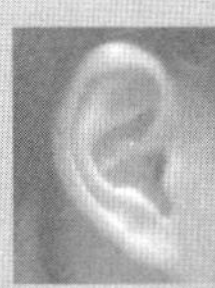

分享你在個人思考問題第4題的答案：你早年的天賦或興趣，有哪些可能已經開始成熟結果呢？

b. 在你的生命中，有哪些東西是你需要向它說「不」和說「是」的，並預留一些時間出來一起為此禱告。

第八章

桌前共聚

「記念主的聚會現在開始。因為從前失喪的，今已被尋回。」馬大手執酒杯，望著與會的眾人說：「耶穌說：『這是我的血。』我們在這七日的頭一天聚集在一起，因為我們的憂愁在這一天化為了喜樂。這一天是聖日，因為從這一天開始，世界永遠改變了。你們還記得嗎？當天，我們以為一切已經成為定局，我們以為，我們能成為一羣在當中滿有愛和醫治的人的想法不過是一場夢；我們以為神在我們中間與我們同行的想法，也不過是一個無望的空想……但後來，抹大拉的馬利亞踏進這一個門口，對我們說：『我見到主了。』今日，我們所分享的，以及我們在這裏向眾人所分享到那些關於我們自己的故事，在在都表明了這一切都是因著那一天而得以成就的。如同他在迦拿把水變酒一樣，耶穌已經把我們的生命永遠改變過來了。」

馬大舉杯繼續說：「耶穌說：『這是我的血。』因為他無時無刻不是與我們同在的。這就是我們在這裏所要分享的。索亞耳非但沒有為福音的緣故而感到羞恥和孤單，她已經找到了愛，而且結出果子來；至於我們其他的人，也是這樣。抹大拉的馬利亞見到了復活的主。這是她當日所帶給我們的信息，而且她會繼續將這個信息傳到在耶路撒冷以外的地方。這個信息同樣也就是我們所要傳講的信息。約亞拿從第一天決定跟從耶穌開始，已經一直經歷到神的信實，而且我們其餘的人也和她一樣經歷過神。馬大的妹子瑪利亞從五旬節那天開始就被聖靈充滿，她像我們所有的人一樣，都是屬於同一個聖靈。耶穌的母親馬利亞已確知自己被召是要成為耶穌的跟隨者，並且是要與神同工，而我們其他的人也是這樣確實的知道。蘇撒拿在年老髮白的時候見到神信實的臨在，她所知道的就是：神對於我們每一個人都是信實的。至於我，我也知道神給我一生的託付，如同你們知道神託付你們的一樣，而且我是永遠不會偏離神所託付給我的。耶穌已經將他所作成的新酒，就是他所立的新約賜給我們了。」

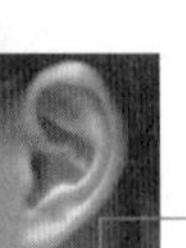

馬大環視餐桌，提高嗓門歌唱起來：

我們所愛慕的神，
惟獨你配受我們
所有全盛的愛；
你懷抱我們心所念的，
托著我們的需求。
求你使我們能克盡己身愛你，
讓我們敞開來，
使我們的愛伸延得更廣更闊。

「無論我們是留在耶路撒冷，抑或是將這個好信息往外傳開；無論我們是丟棄所有我們現在所知道的，抑或守住所有我們已經知道的，我們都是屬於耶穌的。」馬大繼續說：「我們親身見過他成了肉身住在我們中間，在聖靈裏體驗過他的同在，經歷過他呼召我們成為一個滿有愛的羣體。我們乃是合一的，我們與那些此刻不在我們中間的人也是合而為一的。我們與我們的姊妹撒羅米、呂底亞和羅大，是合一的；而且與在我們以後來的人也是合一的。與我們一同喝這杯的就是這些人，還有我們的良朋和導師耶穌。」

「來喝此杯，記念主。」

她們徐徐把杯傳開去。馬大開始唱起一首詩篇，其餘的人也隨著她的歌聲唱和起來：

神啊！我要從我靈的深處讚美你；
我的心仰望你，我要稱頌你的聖名。
神啊！我要從我靈的深處讚美你；
我怎可忘記你向我所施的一切慈愛？
你赦免我一切的罪孽，醫治我一切的軟弱；
你從急難之中拯救我的性命，
你以仁愛和慈悲為我的冠冕。
你用美物，使我所需用的得以知足，
又使我如鷹返老還童。
你照你所應許的話，
為一切受屈的人伸冤。

抹大拉的馬利亞已開始輕輕嗚咽起來。她說：「我知道神是信實的，但一想到要離開這裏，心裏很是難過。

我們在耶路撒冷、在伯大尼，曾嘗過無數次的喜與悲。我深知耶穌是會藉著他的靈與我們一同出去的……但是，我們所下的決定可會有差錯嗎？姊妹啊，請你們為我們祈禱。」

「我們需要你們給我們肯定的答案。」約亞拿說：「巴拿巴和腓利清楚認為，我們當中好些一直作主的見證，並知道我們必須要將耶穌的話和他所作的一切事傳到耶路撒冷以外的地方去的人，都要將這些事告訴那些凡相信他的人。不過，雅各和其他人認為，福音是屬於聖城的，他們又認為耶穌會再臨，是在耶路撒冷。彼得為此感到非常困惑，過幾天，他就會和約翰去探望撒瑪利亞的教會，我相信屆時他必會感到歡喜快樂。只是，他此刻方才講論到猶太人所守的遺傳，瞬間卻又談起聖靈的作為來……」

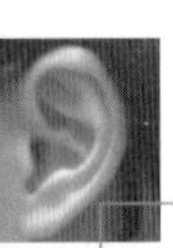

馬大頷首低頭不語。眾人靜靜地坐著，誰也不說甚麼。

過了一會兒，馬大仰起頭來說：「索亞耳就是你們所要的答案。神再一次向我們講説話，而且是有血有肉地講明出來的。索亞耳來到我們這裏，要聽的是我們的話；但是，她坐在這裏卻成了神要向你們所講的話：當耶穌遇見她的時候，她是在遙遠的撒瑪利亞。她，就是你們去安提阿，或者更遠的地方的原因。在那些地方，有很多人像她從前一樣，是從來沒有機會在世間與耶穌親身見面的。所以，你們將要成為耶穌向他們所説又真又活的話，如同索亞耳是他向你們所説的話一樣。」

索亞耳含笑仰望，兩眼淌淚。她說：「我想起那些飢渴的人。但活水滔滔，是不能停斷的。神當天尋訪我的時候，我是一個被蔑視、羞恥的人。我們為其他人著想吧。讓我來為你們唱一曲：

滿有慈愛的神，
你已經看見我的困苦，
並解開我被捆綁著的雙眼；
你已取去我昔日
慣於背負的重擔；
你把我的苦痛
編作完全的樣式；
我所懷著的傷口，
你已把它們變為尊榮，
我在背地裏留著的傷痕，
你已變作真理的記號。
你輕輕觸摸我；
我已得見你的面，並且得以存活。」

索亞耳環視桌子，結束時說：「因著你們出去的緣故，將會有更多人能見到主的面，他們的傷口也會因此得著醫治。」

她們又坐了一會。馬利亞說：「我想起另一首詩，是我帶著耶穌上聖殿的時候所唸的歌，那時他還是個小嬰孩。我還以為老西面的歌不適合你們在今天唱頌哩……」

神是應當稱頌的，他使我存活到今天，
使我得以見證神照他所應許的話成就，
他使我作成我的工。
神哪！你使我的心終歸安然，
因我已親眼看見你為萬民所預備的救恩，
這救恩乃是一道照向黑暗世界的明光，
又是你民以色列的榮耀。

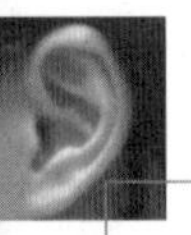

「為萬民所預備的……」約亞拿喁語。

抹大拉的馬利亞抬頭望，她說：「一道照向黑暗世界的明光。」

她們又默默地坐了一會。馬大說：「瑪利亞，我認為這是一個適當的時候，去告訴大家更多關於你所看見的異象。」

「是的，這是個適當的時候。」瑪利亞望著擺在她前面的桌子說：「我見到無數的人，他們都是這道的跟隨者。當中有很多人是我從未曾見過的。他們有些人的頭髮色澤很深，有些人長有黃褐色的花白長髮，另外有些人的膚色很深，有黑色的直髮。我看見他們的時候，就知道他們正在歌頌耶穌，並且被同一個聖靈所充滿……

「我又見到異象：有人奉耶穌的名照料無數有病的人，但悉心照顧病者的是那些跟隨耶穌的人。有些愴惶害怕的人，正要藏匿起來的時候，信徒就冒著生命危險幫助他們。有一個夢是這樣的，有一羣人，其膚色有黑色、白色和棕色，他們手牽手，不停地禱告。他們的聚集，既有大型的，也有小規模的。還有成千上萬的人，他們所講的語言是我不明白的，但我知道他們是在讚頌主。」她說罷就默然下來。

「我們來說『主啊，請來』！」馬大說：「我們祈求耶穌再來，使萬事歸回義。不過，我開始相信，加上瑪利亞所見的異象，和你們得呼召去聖城以外的地方傳道，我相信我們或許還要再等好些年日，世界的終局才會來到。」

「我們差派你們出去，你們要去將耶穌所說的話傳遍萬邦，這是不會有錯的。我已清楚看見了，所以你們必須要去。」瑪利亞向他們點頭，眼裏滿了淚水。

所有婦女都默然坐著。

「瑪利亞，你還看見甚麼，要叫你痛哭呢？」抹大拉的馬利亞打破沉默說：「告訴我們吧！要你一個人獨自承擔，不是太重了嗎？」

瑪利亞的淚水奪眶湧流出來，她說：「我見到一些很可怕的事情。我看見有人奉耶穌的名做了一些傷天害理的事，他們傷害別人，甚至殺人，發動戰爭……」她猛力搖頭，好像要把那些景象揮散開去似的。「這些事怎可以發生的呢？」她坐了一會，拭乾眼淚，開口道。

「不過，我在大多數的異象中，好像都看不見女性的出現，在教會中也都看不見。這是因為根本沒有一個女人，抑或女人都沉默了……在一些異象中，有些男人在講話，他們講了一些很駭人聽聞的話，說女人是通向邪惡的門廊，更懷疑女人是否真的有靈魂。但是後來我想，這是不可能的，耶穌是絕不會容許這樣的事情發生的……」那些婦女聽罷面面相覷。

「還有一些異象縈擾著我……要不是看見人不停向一個女人的畫像彎腰，向一位天使屈膝，沒有停歇地跪拜……或看見一個女人為自己所犯的罪流淚痛哭……」

「就是看見來敬拜的人聚集在一座偌大的樓房之內，裏面漆黑一片，只見最亮麗的光線從樓房頂端的縫隙照射進來，色調有如月光般的藍，此外，還有其他顏色的光，有紅色的，也有黃色的，非常美麗……然而，我後來看見那些敬拜者圍著一個戴著冠冕的洋娃娃。他們燃點著洋燭，我卻不知道這與信徒有甚麼關係……」

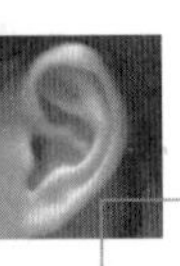

瑪利亞雙手掩著面說：「耶穌是不會讓這事情發生的……」

眾婦女坐著，其中有幾個人低聲哭泣。當抹大拉的馬利亞說話的時候，時間已經過了數分鐘。

「我們真正所能知道的是，神是良善的，並且耶穌是與我們同在的。這一切就是我們現在所知道的，這就是我們從起初與耶穌同行的時候，甚至在他被殺並且復活的時候，我們所已經知道的事。」

「我們所能做到的就是跟隨我們的好主人，」馬大也同意抹大拉的馬利亞的話說：「那就是神所賜予我們要遵行的事，要在耶路撒冷、加利利、安提阿、羅馬，又或者在……然而，在哪裏都是一樣。」

「我們在耶穌和聖靈裏是自由的，」約亞拿說：「無論他呼召我們到哪裏去，我們都必跟隨。我們與耶穌同在一起，並且靠著聖靈與眾人同在。」

「不錯，」抹大拉的馬利亞又說。「聖靈將愛的信息吹進我們心裏，我們就照著行。無論有甚麼事情發生，那光在黑暗中都是閃耀的，黑暗的權勢是不能勝過它的。」

耶穌的母親馬利亞站起來，雙手伸開，所有婦女都開始移動。她開始歌唱，唱那首她在懷著彌賽亞的時候所學會唱的歌，這首歌在當時的教會中已經流傳和唱頌。當那些婦女圍著抹大拉的馬利亞和約亞拿的時候，她們也和馬利亞同聲唱出這首歌，又用禱告圍繞著她們：

我的心靈，你要歌唱，
歌頌神的聖潔：
他喜悅一個女子，
高舉貧窮的人，
使飢餓的人得以飽足，
他使默然無聲的人開口說話，
又使欺壓人的降卑，
給那些飽腹的人空虛的肚腹，
給未曾流淚的人滿眶淚水；
他記念我們在胎中的黑暗，
要住在我們肉身之中。
我的心靈，你要歌唱，
唱出你渴想神之歌。

那兩個被這班信徒包圍在中間的婦女，感覺到姊妹們都按手在她們身上，並聽見她們靜靜地發出的禱告聲。

結束時，馬大為她們祝福：

使天地震動的神，

死亡並不能轄制他，

永活的神要攪動我們，也要醫治我們，

願他賜你們力量，繼續向前走

宣揚這福音，阿門。

個人思考問題

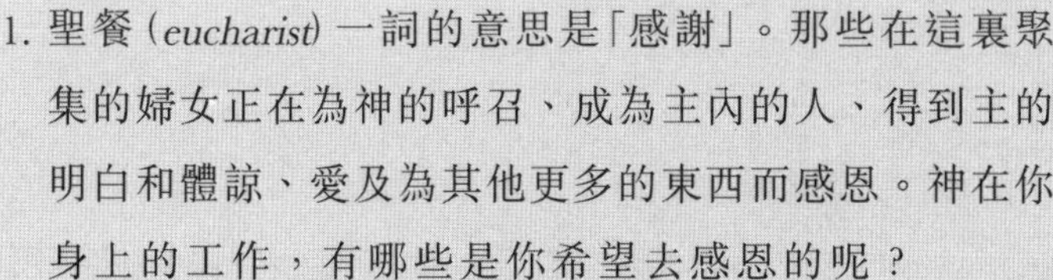

1. 聖餐（*eucharist*）一詞的意思是「感謝」。那些在這裏聚集的婦女正在為神的呼召、成為主內的人、得到主的明白和體諒、愛及為其他更多的東西而感恩。神在你身上的工作，有哪些是你希望去感恩的呢？

2. 很多時候，神會透過弟兄姊妹清楚向我們講說話。這句話對你來說有多真實？

3. 在《她們的聲音——再遇跟隨耶穌的婦女》中，有哪一個婦女的故事最能完全道出你的情況；有哪一位給你所講的話是最清晰的？翻閱你的筆記，看看那些與這名婦女有關的部分，然後以她的名義寫一封信給自己。在信中，將所有你認為她希望告訴你的話都寫下來：寫一些在你裏面有的東西而又會叫她感歡慰的，並寫出她關心你的那些事，她鼓勵的說話和要給你挑戰的話，用一至兩頁紙寫完這封信。

小組討論問題

1. 還記得聖餐一詞的意思是「感謝」嗎？在開始之先，每個人輪著來談一談，她在這小組一起學習的期間，有哪些東西是她要向主作出感謝的。（各人可以引用自己在個人思考問題第1和2題的答案。）

2. 組員輪著來讀出她所收到由她的女先祖寫給自己的信。按以下一個或所有的方式，彼此代禱：用任何你們感到最舒服的禱告方式來禱告。

a. 像在《她們的聲音——再遇跟隨耶穌的婦女》中的婦女一樣，當一位組員讀完她的信後，其他組員可以圍著她，為她禱告。這是一個好機會，為這位組員在信中好些提出來的事禱告。（如果要作這一類的禱告時，不妨大家圍著坐，並在圈子中間放一張腳凳，然後讓組員輪著來坐。）

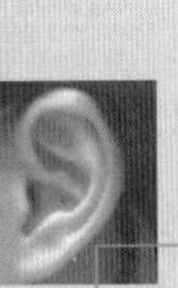

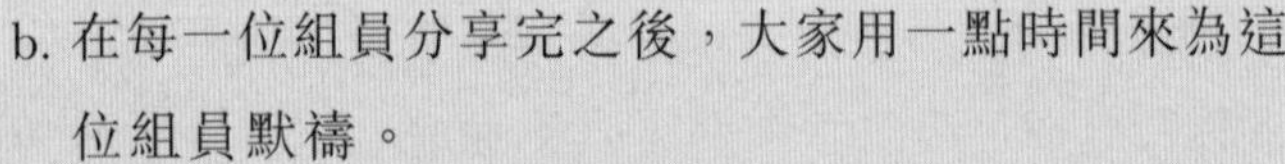

b. 在每一位組員分享完之後，大家用一點時間來為這位組員默禱。

c. 在所有組員結束分享之後，大家手握著手，每個人各自或默禱或開聲禱告，為坐在自己右邊的組員禱告。

3. 同聲誦讀在這一章裏的幾個禱告，並作祝禱結束。

閱讀參考資料

前言

初代教會的婦女：教會在最早發展的階段通常被稱為「初始教會」(primitive church)。如果讀者想概觀式閱讀這段時期教會的發展情況，可以參考W. H. C. Frend所著的*The Rise of Christianity* (Philadelphia: Fortress Press, 1984)。要在這段時期搜尋婦女的蹤迹並不是一件容易的事，因為我們在中間所找到的線索是非常千絲萬縷的，這部分的原因是由於我們所得的資料有限。

我們在聖經中亦可以看到這些婦女的蹤影，不過很多時候，這是需要我們很細心地從字裏行間看出來的。所有福音書都有提及過的婦女，都出現在記載耶穌釘十字架的段落中，可參看馬太福音二十七章55至56節；馬可福音十五章40至41節；路加福音二十三章49節及約翰福音十九章25節。我們亦可以看到一些婦女積極地參與初代教會的事工。例如，在使徒行傳十二章12節；羅馬書十六章；哥林多前書十一章5節；歌羅西書四章15節及提摩太後書一章5節和四章19節亦有提及到。另外，在使徒行傳二十一章9節，也提到腓利有幾個女兒是說預言的。還有百基拉教導亞波羅(徒十八24～28)。論到羅馬書十六章7節的時候，甚至聖克里索斯托（St. John Chrysostom）也為猶尼亞寫下註筆說：「這女人的奉獻是何其偉大啊，她是配受使徒之名！」參看*The Homilies of St. John Chrysostom: Nicene and Post-Nicene Fathers*（Grand Rapids, Mich.: Eerdmans, 1956）一書。

要知道更多關於新約聖經的婦女在這個初始階段的情況，我建議讀者看 Martin Hengel 所著的 *Acts and the History of Earliest Christianity*, John Bowden譯，（Philadelphia: Fortress Press, 1979）一書，以及他的另一部著作*Between Jesus and Paul: Studies in the Earliest History of Christianity*, John Bowden譯，（Philadelphia: Fortress Press, 1983）。另外，亦可以參考Ross Shepard Kraemer 所著的*Her Share of the Blessings: Women's Religions among Pagans, Jews, and Christians in the Greco-Roman World*（New York: Oxford University Press, 1992），頁156；Elisabeth Schüssler Fiorenza所著的*In Memory of Her: A Feminist Theological Reconstruction of Christian Origins*（New York: Crossroad, 1994），頁177～180及217；Frend所著的*Rise of Christianity*，特別是在頁55；Roger Gryson的*The Ministry of Women in the Early Church*, Jean Laporte and Mary Louise Hall譯，（Collegeville, Minn.: Liturgical Press, 1976），頁2；Susanne Heine所著的 *Women and Early Christianity: A Reappraisal*, John Bowden譯，（Minneapolis: Augsburg Publishing House, 1988），頁20和Elizabeth Moltmann-Wendel的*The Women around Jesus*, John Bowden譯，（New York: Crossroad, 1982），頁131～144。

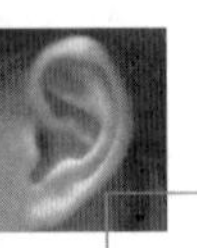

在新約聖經裏面所表現出來的有關那些跟隨耶穌的婦女的背景是很混亂的。例如，路加經常描述她們的財富和顯赫地位，參考使徒行傳十七章4至12節，卻忘記指出她們在整體上對基督教所作出的重要貢獻。參Fiorenza所著的*In Memory of Her*，頁90、177。

單在新約聖經中，我們亦能見到教會的一些轉變。在第二世紀初葉，即保羅之後的那一代，在教牧書信(Pastoral Epistles)也暗示了一些改變。那時，教會在面對迫害時的反應是，更多隨從當日整體社會上的風氣去行事，並成立更多教會的組織。可參考James D. G. Dunn所著的*Unity and Diversity in the New Testament* (Philadelphia: Westminster, 1977)，頁114。另一方面，在約翰福音十二章12節，當約翰寫到馬大的時候，他的寫作手法表示了在約翰福音寫成之時，在教會裏面已經開展了一些常規事工。Raymond Brown 在他的文章"Roles of Women in the Fourth Gospel" (*Theological Studies* 36, 1975)，頁690，寫道：「我們得知馬大是在桌前服事的。耶穌在世傳道的時候，這項職事或許沒有甚麼特別意義；但是，約翰是在主後九十年寫成約翰福音的，在當時，執事的制度在很多後保羅時代的教會中已經存在(參考教牧書信)。當時，在桌前服事是一種由信徒或教會領袖經按手禮特別指派給某人的一項職事(徒六1～6)。」

評論在基督教最初段的發展時期婦女的地位的另一個做法是，將婦女在教會的地位，與她們在社會上的地位作一比較。例如，將婦女在使徒行傳的言行以及他勒目(Talmud)所講的婚姻之目的來作比較。從婚姻的目的上著眼，婦女是要「磨穀、奶孩子、做一個美麗的妻子和生孩子」的。參考Hengel所著的*Acts*，頁120及Mary Evans所著的*Woman in the Bible*(London: InterVarsity Press, 1978)，頁49～51。無論在猶太社會，抑或在希羅社會裏，家庭對婦女來說，似乎都是一個壓制她們的地方。由於羅馬的女性是在受其父親所支配的家庭觀念之下生活的，基督教早期的反家庭文化因而對女性來說，是一個使她們得以擺脫這些壓力的途徑。因為早期用來比喻基督教教會的，是耶穌和他的身體，而不是家庭。參考Fiorenza的*In Memory of Her*，頁183。

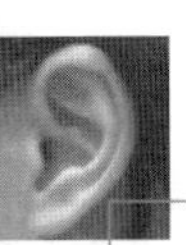

我們在一些當代的資源中，也可以找到一些與婦女有關的資料。當中有些資料是從贊同的角度寫的，也有的是用批判的角度出發的。例如，在*Passion of Perpetua and Felicitas*一書裏就記載了古代女殉道者的故事。她們在主後二〇三年，在北非的迦太基(Carthage)殉道。要閱讀更多關於這方面的資料，可參考Peter Dronke所著的*Women Writers of the Middle Ages: A Critical Study of Texts from Perpetua to Marguerite Porete*(Cambridge, N.Y.: Cambridge University Press, 1984)，頁60～82。

相反，當代亦有一些作者對基督教是抱批判態度的，這部分原因是由於基督教對待女性的態度使然。塞爾蘇斯(Celsus)就是屬於這一類的作者。他在公元二世紀寫過關於教會的書。要知道更多有關這方面的資料，可參看Margaret Y. MacDonald所著的*Early Christian Woman and Pagan Opinion*(Cambridge, N.Y.: Cambridge University Press,

1996），頁82～94。當男性加入了基督教運動之後，他們在社會上的地位，看來往往會是往下降，而女性的地位就會得到提高。參考Kraemer所著的*Her Share of the Blessings*，頁144～156；以及Fiorenza的*In Memory of Her*，頁180。

因為要將形形色色「雜湊」得來的資料整合起來並不是一件簡單的事，所以想像力就成為一件很合用的工具。在我所寫的《她們的改變——與跟隨耶穌的婦女相遇》（*The Magdalene Gospel*; New York: Doubleday, 1995），我嘗試把婦女在耶穌傳道、被釘十字架和在聖週六（復活前夕）的時候的情況重整出來。要了解更多運用想像力重整故事方面的資料，可參考Nicholas Wolterstorff 所著的*Divine Discourse: Philosophical Reflections on the Claim that God Speaks*（New York: Cambridge University Press, 1995）第十四章。Fiorenza 籲請我們要用歷史作為背景去發揮想像力，以求找出真相：「因為我們的資料來源很匱乏，而且這些資料都有一個以男性為中心的特質，令大部分有關女性在早期基督教的宣教運動中，所作出的實質貢獻的資料都已經失傳。我們必須把那些我們仍能取得的碎散資料加以整理，一方面要用歷史的角度去發揮想像力，另一方面又要透過將這個運動重整出來的方法，以及在重整的過程中，將填補資料缺漏的地方的方法，把這些零碎的資料的上文下理重組出來……但這些工作有如冰山一角。」（*In Memory of Her*，頁168）。

米大示（Midrash）：要知道更多關於米大示的資料，可參考Gary C. Porton所寫的文章"Defining Midrash"，刊於*The Study of Ancient Judaism*, Jacob Neusner編，（New York: KTAV, 1981）；亦可參考Nahum Glatzer所著的*Hammer on the Rock: A Midrash Reader*（New York: Schocken Books, 1962）；以及Jacob Neusner所著的*What is Midrash?*（Philadelphia: Fortress Press, 1987），頁13及103。

第一章：於桌前失去蹤影與被尋回

最初期教會的敬拜模式：在初始教會，家庭聚會是一個新興的敬拜模式。他們通常會在那些富裕的基督徒家中聚會，因為他們家裏的地方比較寬敞。由於一星期的第一天是復活日，所以這一天對基督徒來說意義非常重大。家庭教會所包括的成員計有：提供聚會地方的家庭之所有家庭成員、他們的家僕，以及其他住在鄰近地方的基督徒。在耶路撒冷的基督徒除了上聖殿敬拜之外，也會參加家庭聚會。到了使徒行傳二章42、46節的時候，這個情況已經出現了。

到了使徒行傳二章42節，我們已見到信徒既上聖殿敬拜，亦共進記念主的晚餐。當日的聖餐是十分強調末世的來到的。這會引發那些婦女去想像，不在耶路撒冷領受聖餐會是怎樣的一回事。參考Frederick J. Cwiekowski所著的*The Beginnings of the Church*（New York: Paulist Press, 1988），頁76至77。雖然在初代教會，敬拜模式似乎十分多樣化，但是其他敬拜模式，例如「聖吻」（holy kiss）以及「咒逐」（anathema）都明顯地在教會初期已經出現。參考Hengel所著的*Between Jesus and Paul*，頁81及Dunn

所著的*Unity and Diversity*，頁120、132至139。一場敬拜的其餘部分可能包括誦讀一段文本，然後由一位講者解經和闡述其應用方法。可參看哥林多前書十四章，以了解一下在這些早期聚會中，小組的互動情況。要知道更多有關這方面的資料，可以參考Cwiekowski所著的*Beginnings of the Church*，頁118至119；Hans Conzelman所著的*History of Primitive Christianity*, John E. Steely譯，(Nashville: Abingdon, 1973)，頁128；以及Fiorenza所著的*In Memory of Her*，頁177。

像在路加福音一及二章裏所記載到的詩歌，以及詩篇和榮耀頌，都是巴勒斯坦的猶太基督教所選唱的詩歌。參考Cwiekowski所著的*Beginnings of the Church*，頁77，及路加福音一章39至53節和二章29至32節。另參考S. Farris的文章"Hymns in Luke's Infancy Narrative"，刊載於*Journal for the Study of the New Testament*，第9期(1985年10月)。

在希臘化的教會中，信徒讚美的部分看來更形活力充沛，他們也有一些詩歌是引自一些書信和福音書的內容的。參看腓立比書二章6至11節；歌羅西書一章15至20節；約翰福音一章1至16節及使徒行傳十五章28節。

司提反、雅各及初代教會的小組：要知道更多有關司提反，以及在最早期的教會內所引起的一些衝突，可以看本書第五章：約亞拿。有關司提反的故事則記載在使徒行傳六及七章。在這段經文中，我們可以見到司提反是一個被描述為滿有智慧、恩惠和聖靈的能力的人。在這個最早的時期，另一位主要人物是耶穌的兄弟雅各，他是在耶穌復活後改教的。要知道更多有關雅各的資料，可參考使徒行傳一章13節，十二章7、15節，二十一章18節；加拉太書二章9、12節。有些像雅各一樣說亞蘭話的信徒，可能覺得司提反的表現有點極端和直言不諱。這些操亞蘭語的基督徒每天都上聖殿敬拜，這都記載在使徒行傳二章46節，三章1節，五章12、25、42節。有些學者爭議，彼得因為在這些問題上表現得猶豫不決，而失去了他在耶路撒冷的部分權力。參考Dunn所著的*Unity and Diversity*，頁245。

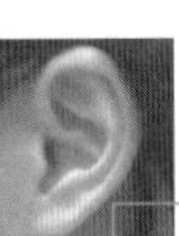

當日，亦出現了一些巡迴傳教的激進信眾，他們都是非常認真地遵行耶穌所講的話的。他們沒有枕首的地方，也盡獻自己所有的財物。要更多了解這些羣體的情況，可參考Gerd Theissen所著的三本書，包括*Social Reality and the Early Christians: Theology, Ethics, and the World of the New Testament*, Margaret Kohl譯，（Minneapolis: Fortress Press, 1992）；由John H. Schütz編譯及撰寫引言的*The Social Setting of Pauline Christianity: Essays on Corinth*,（Philadelphia: Fortress Press, 1982）；以及*Sociology of Early Palestinian Christianity*, John Bowden譯，（Philadelphia: Fortress Press, 1978）。

在初代教會，耶穌的跟隨者要解決的其中一個問題是，他們應該有多極端？他們要比耶穌更激進呢？還是要比他溫和呢？那些婦女曾經遇見耶穌，又跟隨過他，她們並且是捨棄家庭和財產去跟隨他的。而事實上，她們當中有很多人已經放棄了一個安身的居所。看來，在巴勒斯坦的教會所強調的是居無定所、身無長物和無家的生活；而其他地方的教會則覺得教會需要與社會融和（因為耶穌並不是立刻就會回來）。而加利利是巡迴傳教的男女宣教士的集中地，在那裏的信徒並且替其他準備上路的宣教士立下宣教的準則。可參考Pheme Perkins所著的*Ministering in the Pauline Churches*（New York: Paulist Press, 1982），頁14至20。我因此認為有部分婦女很有可能返回加利利，並加入在那裏較之其他地方更激進的信徒，巡迴傳教。

路加：依Hengel所說，路加是一個喜歡整理自己手上資料的作者。他採用了兩個主要的資料來源來寫使徒行傳，其中包括一些搜集得來關於彼得的資料，以及在本書六章出現的一個由敍利亞而來的資料來源。Hengel寫道，路加在寫使徒行傳的時候心中已有一個很清晰的主題，他「要描述一個理想中的普世宣教模式，亦即是保羅的宣教運動。他的作品乃是一個刻意記述保羅宣教事迹的史記，而且附有一個篇幅很長的引言。」參考*Between Jesus and Paul*頁4至10、55。亦有些學者推斷，路加其中的一個資料來源是一個女性，因為他記載了很多婦女故事。而有些人則爭議說，這個女人可能是一名寡婦。要知道更多有關這方面的資料，可參考Leonard Swidler所著的*Biblical Affirmations for Women*（Philadelphia: Westminster, 1977），頁259至260。

腓利：要知道更多有關腓利的資料，可參照約翰福音二十一章17節；使徒行傳六章1至7節，八章4至40節。腓利甚至與一個埃提阿伯的太監談道。埃提阿伯的太監是一個被認為不可以成為信徒的人，而且他也好像是一個從遠在世界之端而來的人。要知道更多有關猶太人與其他在信以外的人的關係，可參考Frend所著的*Rise of Christianity*，頁18，以及Hengel所著的*Acts*，頁79至80。如要知道更多有關撒瑪利亞婦人的資料，則可參考本書第六章，以及約翰福音四章。

耶穌的話：由於初代教會很寶貴耶穌所說過的話和他所行過的事迹，所以他的見證人在初代教會是備受重視的。由於在那個時候，人人都期望耶穌會很快再來，所以很多時候，幾乎都沒有人會做任何記錄，將當時所發生的事記下來。人們最喜愛的一些關於耶穌的故事，例如他的受難、他所說過的話和所行過的神蹟——這些資料都成為信徒教訓的重心；聽取耶穌在世的往事，也成為了他們所守的信仰生活中心。要知道更多有關這方面的資料，可參考Dunn所著的*Unity and Diversity*，頁75及128。

第二章：抹大拉的馬利亞

抹大拉的馬利亞：抹大拉的馬利亞被譽為「使徒之使徒」，是因為她是第一個看見耶穌復活的人，而且受託把耶穌復活的信息告訴那些匿藏起來的男性門徒。參馬太福音二十八章10節；馬可福音十六章11至13節；路加福音二十四章8至12節及約翰福音二十章17至18節。保羅說他是從耶路撒冷教會「領受」「官方教導」（林前十五3～8）

的；但這教導並沒有包括抹大拉的馬利亞在內。這很可能是因為在當時的猶太文化背景中，她作為一個女人，並不會被視為一個合適的見證人的緣故。

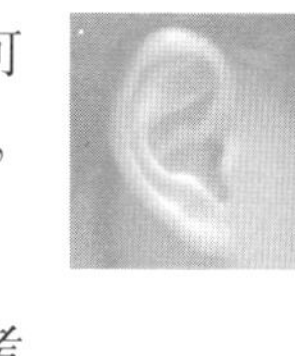

要知道更多有關抹大拉的馬利亞的資料，可參考我所著的《她們的改變——與跟隨耶穌的婦女相遇》。此外，Susan Haskins在她的整本著作*Mary Magdalene: Myth and Metaphor*（New York: Harcourt, Brace and Co., 1993）中，談及在藝術和文化上，人們對抹大拉的馬利亞的理解中所曾出現過的變化。讀者也可以參考Raymond Brown的文章"Roles of Women in the Fourth Gospel"；及Kevin Coyle的文章"The Fathers On Women"，兩篇文章均刊載在David M. Scholer 主編的*Women in Early Christianity*第14期Studies in Early Christianity裏面（New York: Garland, 1993。文章分別刊於頁692至694和頁120）。另外，在Marina Warner所著關於耶穌的母親馬利亞的*Alone of All Her Sex*一書中，其中亦有一章是講到抹大拉的馬利亞的（參考*Alone of All Her Sex: The Myth and the Cult of the Virgin Mary* [New York: Vintage, 1983]）。

眾位馬利亞：要了解更多關於幾位馬利亞所出現的混淆情況，可參考約翰福音十二章1至3節；馬可福音十四章3節及馬太福音二十六章6至7節。抹大拉的馬利亞和住在伯大尼的馬利亞，以及那個膏耶穌的「有罪的女人」被人混為一談的因由，可追溯到第二世紀。由於抹大拉的馬利亞被貶謫為一個永遠懺悔的罪人，而不是「使徒之使徒」，所以，她亦與性方面的罪扯上了關係。現在，天主教的學者把這個將眾多位馬利亞混為一談的做法視之為一個意圖，是有人要不按聖經所講的，強調教會所推崇的禁欲計劃。要知道這段歷史的錯謬之處，可參考Haskins所著的*Mary Magdalene*頁16至31，以及該書的第五章。另外，亦可參考Warner所著的*Alone of All Her Sex*一書中的四及五章。

第三章：馬大的妹子瑪利亞

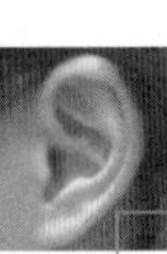

瑪利亞： 馬大的妹子馬利亞，與抹大拉的馬利亞同樣是一個被人將她的名字與其他人的名字混淆起來的受害人，我之所以稱她為「瑪利亞」就是因為這個原因。要一看在聖經中有關她的記載，可以參考路加福音十章39至42節，和約翰福音十一章1至44節。至於她膏耶穌的一段事迹，可以看約翰福音十二章1至8節，和馬太福音二十六章6至13節，以及《她們的改變——與跟隨耶穌的婦女相遇》。另外，亦可參考Haskins的*Mary Magdalene*，頁7、16至26、58至60、62至63及90至99，以及Gryson所著的*The Ministry of Women in the Early Church*，頁2。

要將耶穌向瑪利亞所作的呼召，叫她坐下來聽他的教訓，與當日在文化上一貫的準則來作一比較，可參考Frend的*Rise of Christianity*，頁67。根據Frend所講，當時的女人是不可以作教導和見證的。「寧可燒掉妥拉，毋寧教之予女子。」這一句話大約在公元九○年，一個叫以利撒（Eliezer）的拉比所講的。原因是「女人是在一切比男人低下的東西裏的人而已。」另外，也可參考Evans所著的*Woman in the Bible*，頁47至53。

女門徒：試思想一下當日反對耶穌呼召婦女跟隨他的社會壓力。在第一世紀的猶太教中，以及當時在社會上，受人尊敬的婦女都不可以在公眾場所出現的；她們也不可以公然與一個男性交談；也不可學習妥拉；更絕不可作一個拉比的門生；而且在沒有父親或丈夫的督導下，她們是不能判斷一件事是否合乎道德。參考Evans所著的 *Women in the Bible*，頁44至57。女性只能透過其父系家庭去到神面前：「女人乃是透過男人的行為成聖的。」參考Jacob Neusner所著的*Method and Meaning in Ancient Judaism*, Brown Judaic Studies: Third Series (Missoula, Mont.: Scholars Press, 1979) ，頁100。

教會歷史學家Frend在提到耶穌對待女性的態度時說：「事實上，在當時來說，他對待婦女的態度是很革命性的，這可能是造成他最終與法利賽人決裂的原因。」(*The Rise of Christianity*；頁67) 耶穌之與法利賽人的不和是一個十分激進和與文化敵對的表現。而過了差不多二十個世紀後的今天，我們仍是未能及得上他。要知道更多有關這方面的資料，可參考我所寫的*Balancing Act: How Women Can Lose Their Roles and Find Their Callings* (Downers Grove, Ill.: InterVarsity Press, 1996) ，頁67至75；以及Dorothy L. Sayers的文章"The-Human-Not-Quite-Human"，刊載於*Are Women Human*? (Grand Rapids, Mich.: Eerdmans, 1971) ，頁46。

耶穌被釘十字架： 所有福音書都記載到，當耶穌被釘十字架的時候，有一班婦女在場觀看。可參考馬太福音二十七章55至56節；馬可福音十五章40至41節；路加福音二十三章49節和約翰福音十九章25節。猶太教認為，赤裸著被釘在十字架上，實質上是一種羞恥，而那些看見赤裸的被釘者的，亦經常被人視之為一個蒙羞的人。參考創世記九章18至27節；利未記二十三章16節；申命記十六章12、16節，二十一章23節；馬可福音十四章50節，以及腓立比書二章8節。在*Crucifixion in the Ancient World and the Folly of the Message of the Cross*, John Bowden譯，(Philadelphia: Fortress Press, 1977) 一書中，Martin Hengel亦詳細討論到當日釘十字架的情況，尤其見於該書頁87至88。

在當日的社會，一個人在罪犯被釘十字架的地方，或是在他的墳墓出現，都是很危險的，這是眾所周知的事。然而，那些婦女卻在這些地方出現。參考我所著的《她們的改變——與跟隨耶穌的婦女相遇》，以及Luise Schottroff的文章"Maria Magdalena und die Frauen am Grabe"(〈抹大拉的馬利亞和在墳墓的婦女〉) Kirk Allison翻譯，(刊於*Evangelische Theologie* 第42期，1982年)，頁3至35，特別在頁6起。

五旬節：有關五旬節的參考經文，計有使徒行傳一及二章；路加福音二十四章44至49節以及約翰福音二十章21至23節。

第四章：耶穌的母親馬利亞

馬利亞：耶穌的母親在聖經好些地方中出現，這些經文包括馬太福音一章18至25節，十二章46至50節；路加福音一章26節至二章52節，十一章27節；使徒行傳一章14節。也可參考我所著的《她們的改變——與跟隨耶穌的婦女相遇》；及Brown的“Roles of Women in the Fourth Gospel”，頁695至697。

有關在歷史上的那個童貞女馬利亞是個怎樣的人，Marina Warner所寫的 *Alone of All Her Sex*的論述最為詳盡。例如，Warner概要地介紹了*The Gospel of James*這本十分通俗的偽經。此書提出大量諸如馬利亞的童年、聖亞拿的童年等等有關資料的來源。*The Book of James*還繼續記載到耶穌在拿撒勒的童年生活。書中提到，耶穌所堆的泥沙堆如何偶爾被他的同伴所推倒，結果，耶穌在被激怒之下打死了他的同伴。Warner 又指出，有一段時間，有人如果將馬利亞餵哺耶穌的形像描述出來，甚至冥想自己吮她的奶汁，都是可以接受的。她的乳液就頓成為一個推動聖物貿易的開始。參考Warner的*Alone of All Her Sex*，十三章。馬利亞後來更與典雅愛情融合在一起。參考魯益斯(C. S. Lewis)所著的*The Allegory of Love: A Study in Medieval Tradition*(Oxford: Clarendon Press, 1936)，頁11；Warner的 *Alone of All Her Sex*，十一章；以及旦丁(Dante)的《神曲》(*Divine Comedy*)。Warner同時亦考證有關馬利亞榮召升天的講法。雖然有些人說馬利亞是因憂傷過度而死，因為她活在重複經歷她兒子死亡的陰影中；亦有人說她是出於謙卑而佯裝死去，她乃是榮召升天的。這意思是說，馬利亞是有別於人類的，所以她並不受人類的墮落所影響。Warner 又舉證，馬利亞如何最終被加冕成為天國皇后，並與啟示錄二十一章2節，二十二章17節所提到的教會的得勝有關係。最後，馬利亞自己仍配得著人給予她的某種崇敬，雖然她已不是懷抱著耶穌。參考Warner的*Alone of All Her Sex*，頁251。

貞潔：在教會發展的最初五百年，人對貞潔的態度有了一個翻天覆地的轉變。如果我們從猶太人的文化背景去思想，貞潔是好的。不過，有婚姻和有一大羣兒女是會更好。撒拉和哈拿因為不育而慟哭，由此可見，女人無兒女乃是一種咒詛。不管能夠育兒、產子會在社會上得到正面的評價，這些素質卻也是令女性受到約束，使她們成為於禮不潔的原因。關於女性的不潔問題，可參考利未記十二章2至5節，十五章23至24節和Swidler所著的*Biblical Affirmations for Women*，頁46至149；Kraemer的*Her Share of the Blessings*，頁99至102以及Evans的*Women in the Bible*，頁24至26。

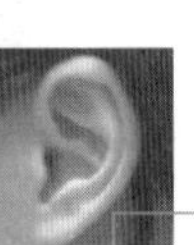

在希羅文化的神話思想中，不受血肉之軀所約束是一個較為一致性的想法。至於在羅馬文化的思想中，下凡化身為人更是人們所惡極的一種思想。羅馬諸神是不會化身為人的。因為在危亡之際，軀體只會是一個羈絆，使這等神靈難以脫身。參考Everett Ferguson所著的*Backgrounds of Early Christianity*（Grand Rapids, Mich.: Eerdmans, 1993），頁572。奧古斯汀曾深受摩尼（Mani）的教訓以及靈智派（Gnosticism；亦稱諾斯底主義）的影響，靈智派加入了一種柏拉圖式對肉體嫌惡的思想（參考Warner的*Alone of All Her Sex*，頁54）。在君士坦丁（Constantine）改信基督教，和米蘭諭旨(Edict of Milan)頒佈之後，基督徒才開始不再被教外人所攻擊。有些基督徒因此認為，基督徒要將苦難加之在自己身上，結果，他們就愈加奉行禁欲主義。在這種新思維的影響下，貞潔就與屬靈的能力串連起來。貞潔是神所創立的一個完美境界；但婚姻最終是會使人墮落的。人因為墮落而受到的懲罰，呈現在女性身上，而貞潔可能減少了些許懲罰。(參考Warner所著的*Alone of All Her Sex*，頁70)。要知道教會如何一直重視聖女，並視她們為處女般地重視她們，可參考一些聖人檔案錄，或Foxe所著的*Book of Martyrs*(John Foxe, various editions [1856])。

尊主頌：即馬利亞之歌，見於路加福音一章39至53節。詩歌源出於撒母耳記上二章1至11節。我們作為女性，能思想馬利亞的尊主頌如何成為初代教會所唱頌的詩歌裏的其中一首，實在叫人感到很快慰。這首歌的作者是一位有了身孕的女子，而且她所懷著的是聖胎。當然，教會一直以來是以由男童組成的聖詠團(redundancy)來唱出尊主頌的，因為女性是不獲准接近聖壇的(以防她們是在月經期間，又或者是有了身孕)。在本書裏的尊主頌是引自Janet Morley所寫的版本。她所寫的尊主頌可見於(*All Desires Known*, London: SPCK, 1998)，頁76。

第五章：約亞拿

約亞拿：關於約亞拿的事，我們所知的不多。聖經所有的資料亦只限於在路加福音八章1至3節，二十四章9節；以及在馬太福音二十七章55節；馬可福音十五章40節和路加福音二十三章49節。在馬太福音十四章1至12節則有提到希律的府衙。

操亞蘭語的猶太基督徒(希伯來信徒)：要知道更多有關操亞蘭語的猶太基督徒的資料，可參考James D. G. Dunn所著的*Parting of the Ways*(London: SCM, 1991)以及Ian Hazlett所編著的*Early Christianity: Origins and Evolution to A.D. 600*(Nashville: Abingdon, 1991)。雖然基督教並非猶太教中首先出現的一個期待彌賽亞來臨(Messianic)的派系，但是它之所以是罕見的，是因為它是以耶路撒冷為宗教活動的中心，而不是以鄉郊的地方為中心。參考 Frend所著的*Rise of Christianity*，頁25；Abraham Malherbe所著的*Social Aspects of Early Christianity*(Baton Rouge: Louisiana State University Press, 1977)，頁30；Hans Joachim Kraus所著的*Worship in Israel: A Cultic History of the Old Testament*, Geoffrey Buswell譯，(Richmond: John Knox, 1966)，頁253至258；以及Conzelman所著的*History of Primitive Christianity*，頁44。

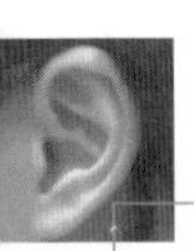

操亞蘭語的猶太基督徒上聖殿敬拜神一事在使徒行傳二章46節，三章1節，五章20及42節，可以得到證實。在Hengel所寫的*Between Jesus and Paul*頁58至59，亦有提及這方面的資料。至於希臘化的猶太基督徒是否繼續上聖殿，又或者是比操亞蘭語的猶太基督徒愈來愈少上聖殿，就不得而知。可參考Cwiekowski所著的*Beginnings of*

the Church，頁73至82。操亞蘭語的猶太基督徒認為割禮是很重要的。參考創世記十七章10至11節；使徒行傳十五章5節，二十一章20節。看來，耶路撒冷教會透過會堂來進行教會的管治的，而會堂的領導層則是一班長老。這個領導模式較為僵化，較少尋求聖靈引導，自主性較弱。或者，這就是十二使徒的領導模式之所以能夠順利在耶路撒冷運作的原因。參考Dunn所著的*Unity and Diversity*，頁109。

新約聖經講到關於教會情況的經文，大部分都是提到教會如何解決Dunn所提出的一個問題。這個問題按Dunn所表達的就是：「外邦人怎可以被列入以色列那個盼望彌賽亞來臨的羣體之中呢？」見於*Jesus, Paul, and the Law: Studies in Mark and Galatians*（Louisville, Ky.: Westminster John Knox, 1990），頁131。

希臘化猶太基督徒：教會歷史學家Frend在他的著作*The Rise of Christianity*中第42頁寫道：「在耶穌時代，猶太教是惟一一個在希羅世界中最為重要的宗教運動。」這就是為甚麼在第一個五旬節，當那些猶太人聽到有人用他們的鄉談交談並且接受了福音之後，彼得能夠向這些人證道的原因。參考使徒行傳二章5至6節。在*The Beginnings of the Church*一書第99頁，Cwiekowski指出，百基拉和亞居拉在第一世紀四十年代，必然已經成為了基督徒，一般相信他們是在使徒行傳中所提到的這次講道開始成為基督徒的。要知道更多有關這些希臘化的猶太基督徒的背景，可參考Frend所著的*Rise of Christianity*，頁18至20

及40；和Hazlett所著的*Early Christianity*，頁42及65；以及Fiorenze所著的*In Memory of Her*，頁162至168。

保羅本來是一個希臘化的猶太人，後來成為了基督徒。他出身於大數這個很繁盛的希臘城市。有關這項資料的聖經經文出處則在使徒行傳九章2節，十九章9節。要知道更多有關保羅所抱持的態度，參考Cwiekowski所著的*Beginnings of the Church*，頁77、88；Dunn的*Unity and Diversity*，頁109；Dunn的另一部著作*Parting of the Ways*，頁221至222以及Fiorenza的*In Memory of Her*，頁54、66至67、73至76、110。保羅能夠很快明白耶穌是誰，而且他的基督論甚至在初信期就能夠很完備地發展起來，是很值得注意的。參考Dunn所著的*Unity and Diversity*，頁224至240，以及Hengel所著的*Between Jesus and Paul*，頁40至41。

寡婦：在當日，寡婦是被視為神所責備的人，是被丟棄、無助的，並要面對嚴苛的教訓的人。參考Bonnie Bowman Thurston所寫的*The Widows: A Women's Ministry in the Early Church*（Philadelphia: Fortress Press, 1989）。以及Hengel的 *Between Jesus and Paul*，頁15，和Joseph B. Tyson所著的*The New Testament and Early Christianity*（New York: Macmillan, 1984），頁287至293。

教會分裂：希臘化的猶太人是攻擊司提反的人。參考使徒行傳六章1至14節。雖然路加在選取資料寫使徒行傳時的態度非常謹慎，但是他仍在使徒行傳七章2至53節，用了很大篇幅去引述司提反的講章。司提反的講章激怒了他的聽眾：他用了一些與聖靈有關的字眼，又經常提到摩西，而摩西是一個令人聯想到的一個大有智慧和聖靈能力的人。要知道更多有關這次分裂的資料，參考Frend所著的*Rise of Christianity*，頁26；Hengel所著的*Acts*，頁74；Hengel的另一著作*Between Jesus and Paul*，頁18、24以及Dunn的*Unity and Diversity*，頁128。

福音廣傳：到了主後四十年，從未曾見過耶穌的基督徒已經愈來愈多。Hengel在*Between Jesus and Paul*一書中，就寫到這個很短暫的時期的情況，當時的人可以將一個信息由一處傳去世界任何一個角落（頁28至29）。如果想知道當時穿梭各地的人大概有多少，可留意一下百基拉和亞居拉的行蹤；他們不時會往本都、羅馬、哥林多、以弗所，然後返回羅馬。當時的基督徒似乎是經常走動的，不過他們會避免在旅店留宿，而會一路上住在其他基督徒的家中，由此可以清楚見到愛筵和跨文化的開放態度兩者的重要性。參考Malherbe所著的*Social Aspects of Early Christianity*，頁62至66。另外，亦可參考F. F. Bruce所著的*Paul and Jesus*（Grand Rapids, Mich.: Baker Book House, 1974），頁34至35，以及Kraemer所著的*Her Share of the Blessings*，頁142至143。

有些人渴望能聽到一個像猶太教傳遞的信息一樣的信息，但它又不像猶太教那般惟我獨尊的；基督教正好成為了這些人要找的答案，而希臘語就成了傳遞這個信息的工具。參考Hengel的*Between Jesus and Paul*，頁28至

29。安提阿是當時宣教運動的中心。參考Frend的*Rise of Christianity*，頁24、33、70至71及89。我們可以在路加福音四章25至27節和馬太福音二十八章16至20節見到，耶穌是期望見到這種向不信的人所持的開放態度。要知道更多有關這方面的資料，可以特別參考N. T. Wright所著的*Jesus and The Victory of God*, Christian Origins and the Question of God, vol. 2（Minneapolis: Fortress Press 1996）。耶路撒冷教會亦理解到這一點：參考使徒行傳八章2至40節。要看更多其他參考資料，可看Hengel的*Between Jesus and Paul*，頁24至26；*Acts*，頁71、79及90，以及Cwiekowski的*Beginnings of the Church*，頁82。亦可參考Everett Ferguson所編著的*Encyclopedia of Early Christianity*（New York: Garland, 1997），頁199至201；Fergusen的*Backgrounds of Early Christianity*，頁124至125；Thurston的*Widows*，頁28至31以及Fiorenza的*In Memory of Her*，頁184。最終，基督徒被視為在外邦人和猶太人之間出現的一個新族羣。參考Hazlett的*Early Christianity*，頁66。

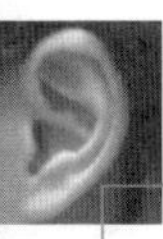

使徒／門徒／十二門徒：雖然我們不能在這裏作詳細的討論，在新約聖經裏，使徒似乎是指一個必須見過復活後的耶穌並且是耶穌所差派的人。參考Elizabeth M. Tetlow所著的*Women and Ministry in the New Testament*（New Jersey: Paulist Press, 1980），頁116；以及Dunn所著的*Unity and Diversity*，頁107。Dunn指出，「十二門徒」(the Twelve)和「使徒」(the apostles)這兩班人是不一樣的。參考哥林多前書十五章3至7節。要作更多閱讀，可參考K. Giles

的*The Patterns of Ministry among the First Christians*（Melbourne: Collins Dove, 1989）；以及Martin Hengel所著的*The Charismatic Leader and His Followers*, James Greig譯，（New York: Crossroad, 1981）。

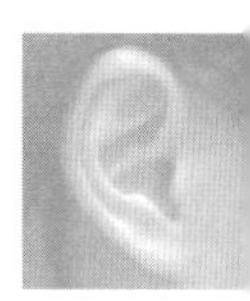

第六章：撒瑪利亞婦人

撒瑪利亞婦人：參考約翰福音四章1至42節。很多學者皆視這個撒瑪利亞婦人為第一個宣教士，而且她的宣教職事是很清晰的。參考Brown所寫的"Roles of Women in the Fourth Gospel"，刊載於*Theological Studies* 第36期（1975年），頁690至691。猶太人一生只可以有三次婚姻，這個標準大概同樣適用於撒瑪利亞人。故此，這個撒瑪利亞婦人明顯被視為不道德的。參考Brown所著的*Gospel According to John*，頁171。Brown爭論，在約翰福音四章37節表示了，耶穌使用**使徒**一詞來指那個出去撒種的女人。參考Brown的"Roles of Women in the Fourth Gospel"，頁690。

撒瑪利亞人和猶太人的關係：撒瑪利亞人不肯在耶路撒冷敬拜。他們不但令猶太人難以復興耶路撒冷，而且曾與敍利亞君王聯手攻打猶太人。到了主前一二八年，猶太大祭司將撒瑪利亞人在基利心山的神殿燒毀。參考Frend所著的*Rise of Christianity*，頁18；Hengel的*Acts*，頁78至79；以及Swidler所著的*Biblical Affirmations for Women*，頁189。撒瑪利亞人期望將要來的彌賽亞，並不是從大衛家而出的受膏王，而是一個像摩西一樣的先知。參考Raymond E. Brown所著的*The Gospel According to John*(Garden City, N.Y.: Doubleday, 1966),頁172。

福音被傳到撒瑪利亞:使徒行傳八章1至3節記載了第一次在撒瑪利亞進行的宣教運動。我在本書提出彼得和約翰去撒瑪利亞的同時,索亞耳就來到了耶路撒冷(參徒八14～17)。有些學者認為,當聖經記載腓利下到撒瑪利亞的時候,卻連一個信徒也沒有提及到,著實奇怪。參考使徒行傳八章4至8節及Hengel所著的*Acts*,頁78至79。耶穌向撒瑪利亞婦人所提到的,人要用心靈按真理敬拜神,這話看來更加像我們在司提反的講章裏所聽到的話(徒七章),這番話亦導致司提反被石頭打死。約翰在約翰福音似乎是要指出在耶路撒冷抑或基利心山作屬地的敬拜,與被聖靈充滿的屬天敬拜兩者之間所存在的區別。這個差異會是在幾年之後,那些到撒瑪利亞宣教的希臘化傳教士所講的一個有力的講題。參考Brown所著的*Gospel According to John*,頁80,及Hengel的*Between Jesus and Paul*,頁121至122。

第七章:馬大

聖經中提及有關馬大的經文記載在路加福音十章38至42節;約翰福音十一章及十二章2節。由於馬大在聖經中的出現很顯著,令不少學者相信,她在福音書寫成的年代是教會中的一名領袖。要知道更多有關資料,可參考我所寫的《她們的改變——與跟隨耶穌的婦女相遇》;Gryson所著的*Ministry of Women in the Early Church*,頁

2；以及Brown所寫的“Roles of Women in the Fourth Gospel”，頁694。伯大尼很有可能是耶穌在耶路撒冷的一個他「不在家時的家」。因為每逢到了節期，耶路撒冷的人口就會膨脹起來，很多人都要找住宿的地方。參考J. Murphy-O'Connor所著的*The Holy Land: An Archaeological Guide from Earliest Times to 1700*, 3d ed. (New York: Oxford University Press, 1992)。

試將馬大的信心宣言（約十一27）和彼得的信心宣言（太十六16）作一比較。要知道更多有關資料，可參考Brown的“Roles of Women in the Fourth Gospel”，頁690至691；以及Ivoni Richter Reimer所著的*Women in the Acts of the Apostles: A Feminist Liberation Perspective*, Linda M. Maloney譯，(Minneapolis: Fortress Press, 1995)，頁236。

愛筵：在猶太人的遺傳裏，有二百二十九條律法是與食物潔淨有關的。參考Dunn所著的*Parting of the Ways*，頁130至137。要看更多有關耶穌傳道時遇到的吃飯的潔淨問題，可參馬可福音七章1至5節；路加福音七章36至39節，十九章5至7節，二十二章7至19節，二十四章13至33節及約翰福音十二章3節。

當教會增長起來，吃飯的潔淨問題就成了教會要面對的其中一個最為重要的問題，這甚至成為決定誰是教會的人的一個關鍵。參考使徒行傳十章9至16節，十一章1至18節，二十一章17至26節；加拉太書二章11至14節。另外，亦可參考Dunn在*Jesus, Paul, and the Law*一書頁136至158就愛筵所作出的討論。要知道更多這方面的資料，可參考Frend所著的*Rise of Christianity*，頁67；Cwiekowski所著的*Beginnings of the Church*，頁76至77、94；Bruce的*Paul and Jesus*，頁34至35；以及Fiorenza的*In Memory of Her*，頁162至168。

在絕大部分的古希臘文化裏，女性是不會在公眾場合用餐的(參考Kraemer所著的*Her Share of the Blessings*，頁142)。不過，猶太婦女則習慣於參加節慶(參考Fiorenza所著的*In Memory of Her*，頁87、176至177)。雖然每一個會堂所守的儀節都有所不同，參考Bernadette J. Brooten所著的*Women Leaders in the Ancient Synagogue: Inscriptional Evidence and Background Issues*(Chico, Calif.: Scholars Press, 1982)；但家庭教會的團契可以説是一致地無分彼此的，參考Fiorenza的*In Memory of Her*，頁166。

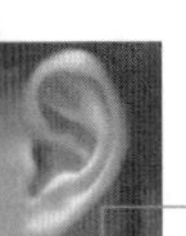

敵視女性情況日益嚴重：一如我們之前所見的，教牧書信中暗示在教會裏出現了一些改變。那時，教會在面對迫害時的反應是，更加隨從當日社會在整體上的做法去處事，以及成立更多教會組織。參考Dunn的*Unity and Diversity*，頁114。

教會是其中一個幾乎是永無休止地憎恨女人的歷史。例如，特土良很苛刻地寫到女性，説她們竟敢「作教導、參與神學辯論、趕鬼、治病和施浸。」他又説，不容許女人在教會發言，「擔當任何男性的職務⋯⋯」他辯解，女性是「邪惡的門廊」。(參考Quintus Terullianus所著的*Disciplinary, Moral, and Ascetical Works*, Rudolph Arbesmann Sr.等譯，(New York: Fathers of the Church, 1959)。要知道更多關於這個論題的資料，可參考Swidler所著的*Biblical Affirmations for Women*，頁345；以及Heine所著的*Women and Early Christianity*，頁28至32。

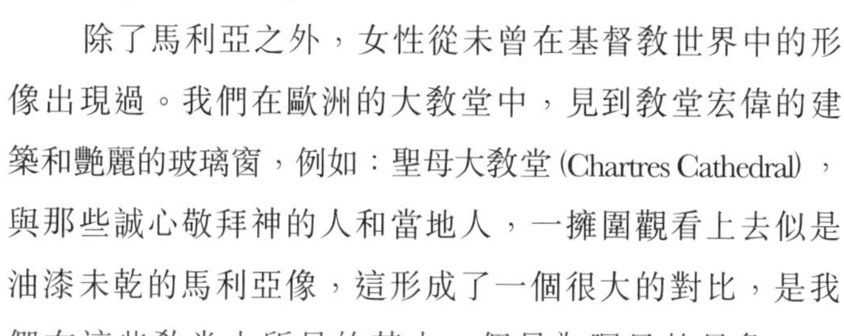

除了馬利亞之外，女性從未曾在基督教世界中的形像出現過。我們在歐洲的大教堂中，見到教堂宏偉的建築和艷麗的玻璃窗，例如：聖母大教堂(Chartres Cathedral)，與那些誠心敬拜神的人和當地人，一擁圍觀看上去似是油漆未乾的馬利亞像，這形成了一個很大的對比，是我們在這些教堂中所見的其中一個最為矚目的景象。

第八章：桌前共聚

詩詞出處：《我們所愛慕的神》、《滿有慈愛的神》、《我的心哪，你要歌唱》及《使天地震動的神》等幾首詩句乃取自Morley的*All Desires Known*，頁69、76至77及88，本書英文原版承蒙允准引用原詩詩句。《神啊！我要從我靈的深處讚美你》和《神是應當稱頌的，他使我存活到今天》兩首詩詞則取自Jim Cotter所寫的*Prayer at Night's Approaching*(Harrisburg, Pa.: Morehouse Publishing, 1997)，頁41，本書英文原版承蒙允准引用原詩詩句。

參考書目

Ashcroft, Mary Ellen. *Balancing Act: How Women Can Lose Their Roles and Find Their Callings*. Downers Grove, Ill.: InterVarsity Press, 1996.

___________. *The Magdalene Gospel*. New York: Doubleday, 1995.

Benko, Stephen. *Pagan Rome and the Early Christians*. Bloomington: Indiana University Press, 1984.

Brooten, Bernadette J. *Women Leaders in the Ancient Synagogue: Inscriptional Evidence and Background Issues*. Chico, Calif.: Scholars Press, 1982.

Brown, Raymond E. *The Gospel According to John*. Garden City, N.Y.: Doubleday, 1966.

___________. "Roles of Women in the Fourth Gospel." *Theological Studies* 36 (1975): 688～699.

Brox, Norbert. *A Concise History of the Early Church*. New York: Continuum, 1995.

Bruce, F. F. *Paul and Jesus*. Grand Rapids, Mich.: Baker, 1974.

Conzelman, Hans. *History of Primitive Christianity*. Translated by John E. Steely. Nashville: Abingdon, 1973.

Cotter, Jim. *Prayer at Night's Approaching*. Harrisburg, Pa.:

Morehouse Publishing, 1991.

Coyle, Kevin. "The Fathers on Women." *Women in Early Christianity*, ed. David M. Scholer. Studies in Early Christianity, vol. 14. New York: Garland, 1993.

Cwiekowski, Frederick J. *The Beginnings of the Church*. New York: Paulist Press, 1988.

D'Angelo, Mary Rose. "Women in Luke - Acts: A Redactional View." *Journal of Biblical Literature* 109 (1990): 441～461.

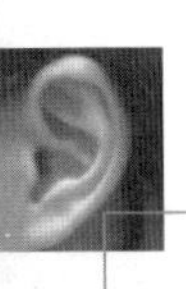

Dronke, Peter. *Women Writers of the Middle Ages: A Critical Study of Texts from Perpetua to Marguerite Porete*. Cambridge, N.Y.: Cambridge University Press, 1984.

Dunn, James D. G. *Jesus and the Spirit: An inquiry of the Religious and Charismatic Experience of Jesus and the First Christians as Reflected in the New Testament*. London: SCM, 1975.

____________. *Jesus, Paul, and the Law: Studies in Mark and Galatians*. Louisville, Ky.: Westminster John Knox, 1990.

____________. *Parting of the Ways*. London: SCM, 1991.

____________. *Unity and Diversity in the New Testament: An Inquiry into the Character of Earliest Christianity*. Philadelphia: Westminster, 1977.

Evans, Mary. *Woman in the Bible*. London: InterVarsity Press, 1978.

Farris, S. "Hymns in Luke's Infancy Narrative." *Journal for the Study of the New Testament* 9 (October 1985).

Fee, Gordon D. *The First Epistle to the Corinthians*. Grand Rapids, Mich.: Eerdmans, 1987.

Ferguson, Everett. *Backgrounds of Early Christianity*. Grand Rapids, Mich.: Eerdmans, 1993.

__________, ed. *Encyclopedia of Early Christianity*. New York: Garland, 1997.

Fiorenza, Elisabeth Schüssler. *In Memory of Her: A Feminist Theological Reconstruction of Christian Origins*. New York: Crossroad, 1994.

Frend, W. H. C. *The Rise of Christianity*. Philadelphia: Fortress Press, 1984.

Giles, K. *Patterns of Ministry among the First Christians*. Melbourne: Collins Dove, 1989.

Glatzer, Nahum. *Hammer on the Rock: A Midrash Reader*. New York: Schocken Books, 1962.

Goodenough, Erwin. "Catacomb Art." *Journal of Biblical Literature* (1962): 113～142.

Grant, Robert M. *Early Christianity and Society: Seven Studies*. San Francisco: Harper and Row, 1977.

Gryson, Roger. *The Ministry of Women in the Early Church*. Translated by Jean Laporte and Mary Louise Hall. Collegeville, Minn.: Liturgical Press, 1976.

Harnack, Adolf von. *The Expansion of Christianity in the First Three Centuries*. New York: G. P. Putnam's Sons, 1904.

Haskins, Susan. *Mary Magdalen: Myth and Metaphor*. New York: Harcourt, Brace and Co.,1993.

Hazlett, Ian, ed. *Early Christianity: Origins and Evolution to A. D. 600*. Nashville: Abingdon, 1991.

Heine, Susanne. *Women and Early Christianity: A Reappraisal*. Translated by John Bowden. Minneapolis: Augsburg Publishing House, 1988.

Hengel, Martin. *Acts and the History of Earliest Christianity*. Translated by John Bowden. Philadelphia: Fortress Press, 1979.

___________. *Between Jesus and Paul: Studies in the Earliest History of Christianity*. Translated by John Bowden. Philadelphia: Fortress Press, 1983.

___________. *The Charismatic Leader and His Followers*. Translated by James Greig. New York: Crossroad, 1981.

___________. *Crucifixion in the Ancient World and the Folly of the Message of the Cross*. Translated by John Bowden. Philadelphia: Fortress Press, 1977.

The Homilies of St. John Chrysostom: Nicene and Post-Nicene Fathers. Grand Rapids, Mich.: Eerdmans, 1956.

Jeremias, Joachim. *Jerusalem in the Time of Jesus: An Investigation into Economic and Social Conditions During the New Testament Period*. Translated by F. H. Cave and C. H. Cave. Philadelphia: Fortress Press, 1969.

Kennedy, George. "Rhetoric of the Early Christian Liturgy," in Jasper, David, and R. C. D. Jasper, *Language and Worship of the Church*. New York: St. Martin's Press, 1990.

Kraemer, Ross Shepard. *Her Share of the Blessings: Women's*

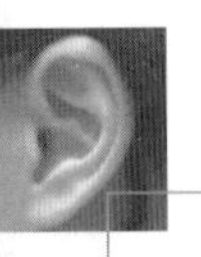

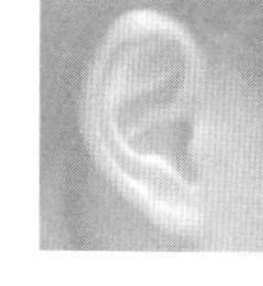

Religions among Pagans, Jews, and Christians in the Greco-Roman World. New York: Oxford University Press, 1992.

Kraus, Hans Joachim. *Worship in Israel: A Cultic History of the Old Testament*. Translated by Geoffrey Buswell. Richmond: John Knox, 1966.

Lewis, C. S. *The Allegory of Love: A Study in Medieval Tradition*. Oxford: Clarendon Press, 1936.

MacDonald, Margaret Y. *Early Christian Women and Pagan Opinion: The Power of the Hysterical Woman*. Cambridge, N.Y.: Cambridge University Press, 1996.

Malherbe Abraham. *Social Aspects of Early Christianity*. Baton Rouge: Louisiana State University Press, 1977.

Moltmann-Wendel, Elizabeth. *The Women around Jesus. Translated by John Bowden*. New York: Crossroad, 1982.

Morley, Janet. *All Desires Known*. London: SPCK, 1998.

Murphy-O'Connor, J. (Jerome). *The Holy Land: An Archaeological Guide from Earliest Times to 1700*. 3rd ed. New York: Oxford University Press, 1992.

Neusner, Jacob. *Method and Meaning in Ancient Judaism*. Brown Judaic Studies: Third Series. Missoula, Mont.: Scholars Press, 1979.

____________. *What is Midrash*? Philadelphia: Fortress Press, 1987.

Pagels, Elaine. *The Gnostic Gospels*. New York: Random House, 1979.

Perkins, Pheme. *Ministering in the Pauline Churches*. New York: Paulist Press, 1982.

Porton, Gary C. "Defining Midrash." *The Study of Ancient Judaism*. Edited by Jacob Neusner. New York: KTAV, 1981.

Richter Reimer, Ivoni. *Women in the Acts of the Apostles: A Feminist Liberation Perspective*. Translated by Linda M. Maloney. Minneapolis: Fortress Press, 1995.

Sayers, Dorothy L. "The-Human-Not-Quite-Human." *Are Women Human*? Grand Rapids, Mich.: Eerdmans, 1971.

Scholer, David M., ed. *Women in Early Christianity*. Studies in Early Christianity, vol. 14. New York: Garland, 1993.

Schottroff, Luise. *Lydia's Impatient Sisters: A Feminist Social History of Early Christianity*. Louisville, Ky.: Westminster John Knox, 1995.

___________. "Maria Magdalene und die Frauen am Grabe." Translated by Kirk Allison. *Evangelische Theologie* 42 (1982): 3～35.

Swidler, Leonard. *Biblical Affirmations for Women*. Philadelphia: Westminster, 1977.

Terullianus, Quintus Septimus Florens. *Disciplinary, Moral, and Ascetical Works*. Translated by Rudolph Arbesmann Sr., et al. New York: Fathers of the Church, 1959.

Tetlow, Elizabeth M. *Women and Ministry in the New Testament*. New York: Paulist Press, 1980.

Theissen, Gerd. *Social Reality and the Early Christians:*

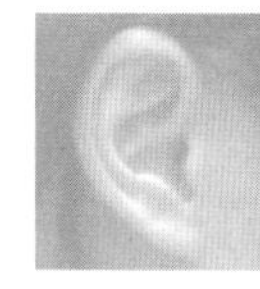

Theology, Ethics, and the World of the New Testament. Translated by Margaret Kohl. Minneapolis: Fortress Press, 1992.

___________. *The Social Setting of Pauline Christianity: Essays on Corinth*. Edited, translated, and with an introduction by John H. Schütz. Philadelphia: Fortress Press, 1982.

___________. *Sociology of Early Palestinian Christianity*. Translated by John Bowden. Philadelphia: Fortress Press, 1978.

Thurston, Bonnie Bowman. *The Widows: A Women's Ministry in the Early Church*. Philadelphia: Fortress Press, 1989.

Tyson, Joseph B. *The New Testament and Early Christianity*. New York: Macmillan, 1984.

Warner, Marina. *Alone of All Her Sex: The Myth and the Cult of the Virgin Mary*. New York: Vintage, 1983.

Wolterstorff, Nicholas. *Divine Discourse: Philosophical Reflections on the Claim that God Speaks*. New York: Cambridge University Press, 1995.

Wright, N. T. *Jesus and the Victory of God*. Christian Origins and the Question of God, vol. 2. Minneapolis: Fortress Press, 1996.

緊扣時代 服事教會

以文字傳揚基督真道

讀者意見表

衷心多謝你購買本社書籍。本社一直致力以出版事工服事教會，幫助信徒扎根於神的話語，促進靈命增長。為使我們的出版更能滿足你的需要，請填寫下列各項資料，並寄回或傳真予本社。

所購書籍：________________

本書最吸引你的地方：
☐作者　☐適切性　☐文筆　☐設計　☐實用性
☐其他：________________

購買本書地點：
☐基道書樓　☐基督教書店　☐非基督教書店

性別：☐男　☐女　職業：________________

信仰：☐基督徒　☐非基督徒

年齡：☐ 16 歲或以下　☐ 17～25 歲　☐ 26～35 歲
☐ 36～55 歲　☐ 56 歲或以上

學歷：☐中三或以下　☐中五　☐預科
☐大學　☐研究院

☐我欲更多了解基道出版社的事工及考慮支持，請寄給我下列資料：
☐機構簡介　☐新書資料　☐基道會員通訊
☐《基道文字事工通訊》

姓名：________________電話：________________

地址：________________

____

傳真：________________　電子郵件：________________

其他意見：________________

____

多謝賜教！

意見表可以傳真（2687-0281）或直接郵寄以下地址：
香港沙田火炭坳背灣街26號富騰工業中心1011室
基道出版社編輯部收